PONS

250 Grammatik-Übungen
FRANZÖSISCH

Für Anfänger und Fortgeschrittene.
Mit ausführlichen Lösungen.

von
Isabelle Langenbach

PONS GmbH
Stuttgart

PONS
250 Grammatik-Übungen
FRANZÖSISCH

Für Anfänger und Fortgeschrittene. Mit ausführlichen Lösungen.

von
Isabelle Langenbach

1. Auflage 2017

www.pons.de
E-Mail: info@pons.de

Redaktion: Fabienne Schreitmüller
Logoentwurf: Erwin Poell, Heidelberg
Logoüberarbeitung: Sabine Redlin, Ludwigsburg
Einbandgestaltung: Anne Helbich, Stuttgart
Layout: Petra Michel, Gestaltung & Typografie, Essen
Satz: Satz & mehr, Besigheim
Druck und Bindung: Multiprint GmbH

Printed in the EU.
ISBN: 978-3-12-562886-1

WILLKOMMEN

Mit den **250 Grammatik-Übungen FRANZÖSISCH** können Sie in kleinen Portionen und wo immer Sie wollen Ihre Grammatikkenntnisse trainieren und festigen oder auffrischen. Dabei erfahren Sie auch viel Wissenswertes zu den Themen, die Sie üben möchten.

Von leicht bis schwer

Die Übungen sind nach Grammatikthemen sortiert, damit Sie gezielt nach Ihren persönlichen Bedürfnissen üben können. Zu jedem Thema stehen Ihnen Übungen in drei Schwierigkeitsstufen zur Verfügung:

★ = leicht

★★ = mittelschwer

★★★ = schwer

Erweitern Sie nebenbei Ihr Grammatikwissen

Zahlreiche Tipps weisen Sie auf wichtige Ausnahmen, Stolperfallen, typische Fehler und schwierige Regeln hin und helfen Ihnen bei der Lösung einer Übung.

(!) = Infos zu Ausnahmen und Stolperfallen

= weiterführende Erklärungen

= Hinweise zu Aussprache und Betonung

(ABC) = Angaben zum Wortschatz

So überprüfen Sie Ihren Lernfortschritt

Anhand der **Lösungen** ab Seite 146 können Sie Ihren Lernfortschritt überprüfen. Übungen, in denen Sie noch nicht ganz fehlerfrei waren, wiederholen Sie einfach nach einiger Zeit.

Setzen Sie vorne im **Inhaltsverzeichnis** einen Haken hinter alle Themen, die Sie erledigt haben. So können Sie auf einen Blick sehen, wie viel Sie schon trainiert haben.

Unbekannte Wörter? Kein Problem!

Alle Wörter und Wendungen aus den Übungen können Sie in der französisch-deutschen **Wortliste** ab Seite 160 nachschlagen.

Lernvideos

Zu diesen Grammatik-Übungen stehen Ihnen mehrere Lernvideos online zur Verfügung, in denen Ihnen ein Sprachlehrer wichtige grammatische Phänomene erklärt.

Gehen Sie auf **www.pons.de/250-grammatik-franzoesisch** und lernen Sie weiter!

Viel Erfolg!

Ihre PONS-Redaktion

INHALT

12 DIE SATZARTEN

13 ZAHLEN UND ZEITANGABEN

14 PRÄPOSITIONEN, KONJUNKTIONEN

ANHANG

Der bestimmte Artikel

1 ★

Ergänzen Sie die Lücken mit dem korrekten bestimmten Artikel **le**, **la**, **l'** oder **les**.

a) ______ chat dort dans son panier.

b) Madame Martin met ses courses dans ______ voiture.

c) J'adore ______ enfants.

d) Le cours de philosophie a lieu dans ______ amphithéâtre.

e) Pour aller plus vite, ils prennent ______ autoroute.

f) Mon mari a choisi ______ pantalon blanc.

g) Son voisin prend ______ train tous ______ matins.

!

Nicht alle französischen Substantive haben den gleichen Artikel im Französischen wie im Deutschen: **le soleil** *die Sonne!*

2 ★

Welche Länder sind im Französischen weiblich, welche männlich? Ergänzen Sie die Tabelle.

Maroc ▪ France ▪ Suisse ▪ Danemark ▪ Italie ▪ Norvège ▪ Allemagne ▪ Kenya ▪ Espagne ▪ Portugal ▪ Sénégal ▪ Canada

a) männlich: **le, l'**	b) weiblich: **la, l'**

3 ★★

Einige Substantive, die mit **h** beginnen, benötigen den bestimmten Artikel **le** oder **la**, einige immer **l'**. Wissen Sie welche? Ergänzen Sie.

a) Je n'aime pas dormir à ______ hôtel.

b) Tu es ______ héros de la journée.

c) Vous parlez ______ hollandais ?

d) Elle déteste ______ hareng.

e) Ils ont conduit le blessé à ______ hôpital.

f) Je n'ai pas ______ habitude de me lever tôt.

g) ______ hold-up a été commis hier après-midi.

h) Elle s'intéresse beaucoup à ______ Histoire de France.

i) Au lac, nous nous sommes allongés sur ______ herbe.

Bei den Substantiven mit **h**, die von **l'** begleitet werden, wird im Plural die Liaison verwendet: **les habits** [z], bei den anderen nicht: **les** [-] **haricots** [∅].

4 ★★

Entscheiden Sie, welche der beiden Formen richtig ist.

a) Elle ne pense qu'**au/à la** travail.

b) Je vais **à la/à l'**école.

c) Tu veux **de la/du** confiture ?

d) Moi, je prends **du/de la** miel.

e) Nous parlons **de la/des** vacances.

f) Il raconte une histoire **des/aux** enfants.

g) Je parle **de la/du** film d'hier.

h) Vous venez **à la/au** bal ce soir ?

i) Donne-moi **de la/de l'**eau, s'il te plaît.

j) Ma femme travaille **au/à la** mairie.

k) Tu as entendu parler **de la/du** nouveau film avec Juliette Binoche ?

l) Pense **aux/des** enfants qu'il faut aller chercher !

5 ★★

Der bestimmte Artikel wird auch oft in festen Redewendungen benutzt. Können Sie folgende Sätze mit dem richtigen Artikel ergänzen?

a) ______ chancelière Angela Merkel a fait un voyage officiel en France.

b) Nous sommes en vacances chez nos amis, ______ Dupont.

c) Ma grand-mère a consulté ______ docteur Giroud.

d) J'aime ______ viande, mais je n'aime pas ______ poisson.

e) Frédéric habite dans ______ Vosges, Patrice dans ______ Périgord.

f) ______ lundi, beaucoup de magasins sont fermés en France.

g) Aujourd'hui, nous sommes ______ vendredi 12 juillet.

h) Ma fille adore ______ lait et tous ______ produits laitiers.

i) ______ tomates sont très bonnes pour la santé.

j) Dans mon cours ______ mardi, j'apprends ______ anglais.

k) Son fils a ______ yeux bleus et ______ cheveux blonds.

l) Où sont ______ jouets des enfants ?

m) ______ argent ne fait pas ______ bonheur.

Der unbestimmte Artikel

6 ★

Setzen Sie **un**, **une** oder **des** ein.

a) ______ homme
b) ______ femme
c) ______ gens
d) ______ lunettes
e) ______ manteau
f) ______ robe
g) ______ pulls
h) ______ exposition
i) ______ musée
j) ______ soldes
k) ______ vache
l) ______ cheval
m) ______ animaux
n) ______ maison

Im Deutschen hat der unbestimmte Artikel keine Pluralform. Er wird nicht übersetzt:
des livres – *Bücher.*

7 ★★

Ordnen Sie die Sätze so zu, dass sie einen Sinn ergeben.

a) Je prends
b) Babette a deux enfants,
c) Nous avons vu
d) Elle va faire
e) Vous irez
f) Elle essaie
g) Attendez
h) Un chat noir,

___ **A** dans un hôtel ?
___ **B** un film génial hier soir.
___ **C** des courses au marché.
___ **D** des bottes en 38.
___ **E** un garçon et une fille.
___ **F** un instant, s'il vous plaît.
___ **G** un menu et une boisson.
___ **H** attention !

ABC

Lernen Sie Verben, wenn möglich, nicht alleine, sondern im Kontext:

prendre un verre - *etwas trinken*
avoir une raison - *einen Grund haben*
faire des courses - *einkaufen*
avoir raison - *Recht haben.*

8 ★★

Übersetzen Sie folgende Sätze ins Französische.

a) *Mein Freund erzählt mir Geschichten.*

b) *Sie möchte ein Auto kaufen.*

c) *Wir sehen uns Fotos an.*

d) *Ich habe einen Bruder und eine Schwester.*

e) *Er verbringt einen Monat in den Bergen.*

f) *Ich kaufe mir ein Kleid und Schuhe.*

g) *Ich trinke einen Kaffee mit einem Freund.*

h) *Sie möchte gerne eine Auskunft haben.*

9 ★★

Kreuzen Sie an, ob ein Artikel eingesetzt werden soll. Und wenn ja, welcher?

a) Je prends ______ menu du jour.

☐ **A** ∅ ☐ **B** le ☐ **C** un

b) Ils regardent ______ documentaire sur les animaux.

☐ **A** ∅ ☐ **B** le ☐ **C** un

c) Après le sport, on a toujours ______ soif.

☐ **A** ∅ ☐ **B** la ☐ **C** une

d) Vous prendrez ______ verre d'eau ?

☐ **A** ∅ ☐ **B** le ☐ **C** un

e) Mon copain a ______ raison, je dois vraiment me dépêcher.

☐ **A** ∅ ☐ **B** la ☐ **C** une

f) J'adore regarder ______ télévision.

☐ **A** ∅ ☐ **B** une ☐ **C** la

10 ★★★

Ordnen Sie die Redewendungen den Definitionen zu.

a) ne tenir qu'à un fil	___	**A** être en danger
b) être une fine bouche	___	**B** pleurer
c) un beau jour	___	**C** une fois
d) faire un tour	___	**D** se moquer de quelqu'un
e) verser des larmes	___	**E** avoir une idée
f) jouer un tour à quelqu'un	___	**F** aller se promener
g) être sur une piste	___	**G** aimer manger des bonnes choses

Teilungsartikel und Mengenangaben

11 ★

Von welchem Teilungsartikel werden diese Substantive begleitet?

café • eau • œufs • confiture • pain • tomates • miel • jus d'orange • farine • croissants • huile • soupe • ail • oignons • orangeade • basilic • margarine • olives • omelette • moutarde

a) du	**b)** de la	**c)** de l'	**d)** des

12 ★

Ergänzen Sie die Lücken mit dem richtigen Teilungsartikel.

a) Au petit-déjeuner, Richard boit ________ thé.

b) Nadège achète ________ boissons : ________ vin, ________ limonade, ________ eau minérale et ________ coca.

c) Au marché, ils vendent ________ viande, ________ poisson et ________ fruits de mer, ________ fruits et légumes, ________ produits laitiers et ________ fleurs.

d) Pour faire des crêpes, il faut ________ farine, ________ lait, ________ œufs, ________ huile et ________ sucre.

e) En entrée, je prends ________ salade, comme plat principal ________ poulet et ________ frites et en dessert ________ mousse au chocolat.

13 ★★

Für die meisten Mengenangaben brauchen Sie den Teilungsartikel. Einige Redewendungen werden jedoch mit **de** gebildet. Ordnen Sie zu. Jedes Wort darf nur einmal verwendet werden.

a) une bouteille	___	A de vin
b) un litre	___	B de farine
c) un pot	___	C d'œufs
d) une douzaine	___	D de carottes
e) un kilo	___	E de lait
f) un paquet	___	F de jambon
g) une tranche	___	G de conserve
h) une boîte	___	H de confiture
i) une tonne	___	I d'embouteillages
j) un kilomètre	___	J de sable

14 ★★

Welche von beiden Formen ist richtig? Kreisen Sie ein.

a) Je ne bois pas de l'/d'alcool.

b) Il n'y a plus d'/de l'eau gazeuse !

c) Heureusement, il y encore de/du jus de pomme.

d) Non, merci, pour moi pas du/de dessert.

e) Il ne fume jamais des/de cigares.

f) Il nous faut encore des/de pommes de terre.

g) Il ne te reste vraiment plus de l'/d'argent ?

h) Ne prends plus **du/de** gâteau !

i) Ce couple n'a pas **des/d'**enfants.

j) J'ai besoin **de/d'**un conseil.

!

Achten Sie darauf, dass der Teilungsartikel bei der Verneinung immer zu **de** wird:

Je prends du sucre. – *Ich nehme Zucker.*
Je ne prends pas de sucre. – *Ich nehme keinen Zucker.*

15 ★★★

Ergänzen Sie die Sätze mit **de, d', du, de la, de l'** oder **des.**

a) Pour la rentrée scolaire, il vous faut ______ livres, ______ cahiers et ______ stylos.

b) J'ai beaucoup ______ travail, je dois faire ______ heures supplémentaires tous les jours.

c) Les Roy n'ont plus ______ argent, ils ont tout dépensé.

d) Mon beau-frère a pris ______ poids car il mange beaucoup trop gras et trop sucré.

e) Buvez beaucoup ______ eau et faites surtout ______ sport, m'a conseillé le médecin.

f) J'ai décidé de faire ____________ gymnastique et ____________ natation pour rester en forme.

g) Ma mère a assez ______ soucis comme ça, laissez-la tranquille !

h) Je suis si fatigué que j'ai absolument besoin ______ vacances : il me faudrait ______ soleil, ______ sable fin, une chaise longue et une glace. Ce serait le rêve !

Geschlecht

16 ★

Sehen Sie sich die Bilder an und schreiben Sie den passenden Begriff mit dem bestimmten Artikel.

a) ______________

b) ______________

c) ______________

d) ______________

e) ______________

f) ______________

Da man das Geschlecht der Substantive oft nur am Artikel erkennen kann, empfiehlt es sich, den Artikel und das Substantiv immer gleichzeitig zu lernen.

17 ★

Die männliche und die weibliche Form dieser Substantive sind identisch. Können Sie sie in der Wortschlange finden?

s e c r é t a i r e m é d e c i n j o u r n a l i s t e e n f a n t p h o t o g r a p h e é l è v e p r o f e s s e u r i n g é n i e u r

____

18 ★★

Wie lautet die weibliche Form des jeweiligen männlichen Substantivs?

a) un ami ______

b) un boucher ______

c) un vendeur ______

d) le voisin ______

e) le prince ______

f) un instituteur ______

g) l'Italien ______

h) le dentiste ______

19 ★★

Die männliche und die weibliche Form mancher Substantive sind völlig unterschiedlich. Was passt zusammen? Verbinden Sie.

a) un homme ___ **A** une dame

b) un frère ___ **B** une femme

c) un coq ___ **C** une fille

d) un oncle ___ **D** une sœur

e) un garçon ___ **E** une tante

f) un monsieur ___ **F** une nièce

g) un neveu ___ **G** une poule

!

Deutsche Substantive haben im Französischen manchmal ein anderes Geschlecht:

la mort – *der Tod*
la lune – *der Mond*
le vase – *die Vase*
le soleil – *die Sonne.*

20

★★★

Oft kann man das Geschlecht des Substantivs anhand der Endung bestimmen. Unterstreichen Sie den richtigen Begleiter.

a) Je cherche un mot dans **le/la** dictionnaire.

b) J'adore faire **un/une** promenade.

c) Il travaille dans **un/une** bureau.

d) Il a dû aller dans **un/une** hôpital.

e) C'est très bon pour **le/la** santé !

f) Elle a trouvé **un/une** nouvel ordinateur.

g) Je ne comprends pas **le/la** question.

h) Elle achète de la crème pour **le/la** visage.

i) Je prends deux croissants et **un/une** baguette.

j) Mon café le matin, c'est **un/une** habitude !

21

★★★

Bestimmen Sie, welche Substantive männlich und welche weiblich sind.

lundi • France • printemps • nord • Italie • Loire • Rhône • médecine • sapin • argent • aluminium • train • voiture • avion • géographie • Renault

a) männlich	**b)** weiblich

Pluralbildung

22 ★ Setzen Sie folgende Wörter in den Plural.

a) un chien des ______
b) une voiture des ______
c) un enfant des ______
d) un emploi des ______
e) une Française des ______
f) un jardin des ______
g) une fille des ______
h) un enfant des ______

23 ★ Ergänzen Sie die Pluralformen der Substantive.

a) le tuyau ______
b) un bateau ______
c) le cheveu ______
d) un noyau ______
e) un lieu ______
f) le gâteau ______
g) un dieu ______
h) un château ______
i) le jeu ______
j) un oiseau ______
k) un neveu ______
l) le cadeau ______

Die meisten Substantive bilden den Plural mit **-s,** andere aber mit **-x**. Merken Sie sich die Endungen aus der Übung, diese werden bis auf ein paar Ausnahmen alle mit **-x** gebildet!

24 ★★

Ergänzen Sie die Lücken mit der richtigen Pluralendung.

a) J'ai des trou_____ dans mes chaussettes.

b) En tombant, il s'est fait mal aux genou_____.

c) Lucas fait sans arrêt des bisou_____ au chat.

d) Son mari lui a offert des bijou_____ pour leur anniversaire de mariage.

e) Tous les enfants de la maternelle ont des pou_____.

f) En hiver, on fait souvent de la soupe aux chou_____.

g) Ce sont tous des fou_____, ces Romains !

h) Les enfants se pendaient toujours aux cou_____ de leurs mères.

i) Avec son frère, il lançait des caillou_____ dans l'eau.

25 ★★

Erkennen Sie die Singularform dieser Substantive? Ergänzen Sie.

a) les animaux — l' ______________________

b) les journaux — le ______________________

c) des bocaux — un ______________________

d) des travaux — un ______________________

e) des prix — un ______________________

f) les nez — le ______________________

g) les bois — le ______________________

h) les gaz — le ______________________

i) les maux — le ______________________

26 ★★★

Vervollständigen diese Sätze mit dem richtigen Substantiv. Kreuzen Sie an.

a) Ce matin, je me suis fait couper les ________.

- ☐ **A** chevaux
- ☐ **B** cheveu
- ☐ **C** cheveux

b) Pourquoi mets tu des lunettes ? Tu as mal aux ________ ?

- ☐ **A** yeux
- ☐ **B** cieux
- ☐ **C** œufs

c) Lila prend des ________ de maths le mercredi.

- ☐ **A** courses
- ☐ **B** cours
- ☐ **C** courts

d) Mon père va tous les jours à la boulangerie pour acheter du ________.

- ☐ **A** pont
- ☐ **B** pain
- ☐ **C** peint

27 ★★★

Verbinden Sie die Satzteile, so dass die Sätze einen Sinn ergeben.

a) Pour lire, elle met	___	**A** c'est dans les environs.
b) Pardon, où sont	___	**B** des lunettes.
c) Je coupe la feuille	___	**C** il y avait beaucoup de gens.
d) Ce n'est pas loin,	___	**D** les toilettes, s'il vous plaît ?
e) Franck déteste	___	**E** avec des ciseaux.
f) Au cinéma,	___	**F** les épinards.
g) Ils ont fêté	___	**G** en vacances.
h) Les Roy ne partent pas souvent	___	**H** leurs fiançailles.

!

Eigennamen sind unveränderlich, auch wenn sie hinter einem Artikel im Plural stehen: **les Dupont**, **les Renoir**.

Formen

28 ★

Ordnen Sie die Adjektive den entsprechenden Substantiven zu.

a) l'importance	___	**A** chaud
b) la profondeur	___	**B** important
c) la chaleur	___	**C** léger
d) l'intelligence	___	**D** profond
e) la direction	___	**E** intelligent
f) la légèreté	___	**F** direct

29 ★

Bilden Sie die weibliche und die Pluralformen der Adjektive wie im Beispiel.

männlich Singular	weiblich Singular	männlich Plural	weiblich Plural
a) petit	*petites*	*petits*	*petites*
b) mauvais			
c) bon			
d) grand			
e) difficile			
f) riche			
g) pauvre			
h) intéressant			

Die Adjektive **sympa** *nett* und **chic** *schick* werden nicht im Geschlecht, sondern nur in der Zahl angeglichen:

un garçon sympa, une fille chic – *ein netter Junge, ein schickes Mädchen*
des enfants sympas, des femmes chics – *nette Kinder, schicke Frauen.*

30 ★★

Entscheiden Sie, welche Form richtig ist.

a) Elle a mangé une salade **grec/grecque**.

b) Sa femme est toujours **jalouse/jaloux**.

c) Ce sont des gens très **amicaux/amicales**.

d) J'aime beaucoup sa **doux/douce** voix.

e) C'est un très **mauvais/mauvaise** acteur.

f) Cette idée n'est pas vraiment **nouveau/nouvelle**.

g) Cette route est **dangereux/dangereuse**.

h) Je n'ai qu'une petite valise très **légère/léger**.

31 ★★★

Ergänzen Sie den Satz mit der passenden Form des in Klammern angegebenen Adjektivs.

a) Elle est partie se promener avec sa ______________ sœur dans la forêt de Compiègne. (petit)

b) À Brest, je mange toujours des galettes ______________ et je bois du cidre ! (breton)

c) Les apparences sont ______________, rien n'est comme il le paraît. (trompeur)

d) Vous m'avez fait une ______________ peur ! (gros)

e) Par cette chaleur, je boirais bien un grand verre d'eau bien ______________. (frais)

f) Tous les résultats sont ______________ ! (faux)

g) En ville, Simon s'est acheté des chaussures ______________ et ______________. (noir, blanc)

Besondere Adjektive

32 ★

Ergänzen Sie die Tabelle mit den richtigen Formen dieser besonderen Adjektive.

a) vieux	b) beau
un ______ monsieur	un ______ garçon
un ______ homme	un ______ enfant
une ______ femme	une ______ fille
des ______ bâtiments	des ______ voisins
des ______ robes	des ______ fleurs

33 ★★

Sie schreiben eine E-Mail. Wählen Sie die richtigen Adjektivformen aus.

nouvelle • beau • belles • bel • nouveau • vieille • Nouvel

Salut Estelle !

Je t'écris une ______ (a) fois pour te parler de nos vacances. Patrick et moi habitons ici dans un ______ (b) appartement dans un quartier de la ______ ville (c). Comme il fait très ______(d), nous sommes souvent dehors et faisons de ______ (e) excursions. Nous avons découvert un super restaurant, il est tout ______ (f) ! Je suis pressée de te revoir au ______ (g) An !

À bientôt ! Sarah

34 ★★★

Übersetzen Sie ins Deutsche anhand der Farbadjektive und achten Sie dabei auf deren Besonderheiten.

bleu clair ▪ vert foncé ▪ blanc ▪ jaune ▪ orange ▪ rouge

a) *eine rote Hose* ______

b) *ein hellblauer Pullover* ______

c) *eine dunkelgrüne Jacke* ______

d) *weiße Socken* ______

e) *eine gelbe Brille* ______

f) *orange Schuhe* ______

!

Farbadjektive bleiben unveränderlich, wenn sie aus einem Substantiv stammen – **olive** *(olivefarben)*, **marron** *(braun)* – oder wenn sie aus mehreren Wörtern bestehen – **rose clair** *(hellrosa)*, **bleu marine** *(marineblau)*.

35 ★★★

Ergänzen Sie, wenn es nötig ist, mit der richtigen Pluralendung.

a) Ils partent en vacances avec leurs grand____-parents.

b) Mon train part dans une demi____-heure.

c) L'infirmière travaille dans le service des nouveau____-nés.

d) C'est très calme aujourd'hui, je n'ai pas grand____-chose à faire.

e) Le mois prochain, il y a une conférence sur les pays sous-développé____.

f) Les relations franco____-allemande____ sont le moteur de l'Europe.

g) Le meeting devrait durer environ une heure et demi____.

Stellung

36 ★

Verbinden Sie die Satzteile, so dass es einen Sinn ergibt.

a) une haute	___	A	froide
b) des feuilles	___	B	secs
c) un beau	___	C	montagne
d) une douche	___	D	tableau
e) une mauvaise	___	E	mortes
f) des fruits	___	F	mauvais
g) avoir un air	___	G	nouvelle
h) du vin	___	H	extérieure
i) une porte	___	I	enfant
j) un bel	___	J	rosé

!

Die meisten kurzen Adjektive werden dem Substantiv nachgestellt. Einige häufig verwendete Adjektive werden dennoch vorangestellt: **bon** *(gut)*, **beau** *(schön)*, **grand** *(groß)*, **petit** *(klein)*, **nouveau** *(neu)*, **vieux** *(alt)*, **mauvais** *(schlecht)*, **gros** *(dick)*.

37 ★★

Bringen Sie die Sätze in die richtige Reihenfolge.

a) Christine | rideaux | des | neufs | achète

____

b) rouge | blanc, | bleu, | Le | français | drapeau | est

____

c) Vous | la | ouverte | porte | laisser | pouvez

____

d) Nous | une | visitons | catholique | église

____

e) Le | nouveau | est | très | sympathique | professeur

____

f) ai | intéressant | livre | J' | lu | un

____

g) Paris | ville | grande | une | très | est

____

38 ★★★

Gehört das Adjektiv vor oder nach dem Substantiv? Schreiben Sie die korrekte Form in die richtige Lücke.

a) Elle a les ______ jambes ______. (lourd)

b) Christian marche toujours la ______ tête ______. (haut)

c) Cela ne durera qu'un ______ instant ______. (bref)

d) Je l'ai revu la ______ semaine ______. (dernier)

e) Ma ______ tante ______ (cher), je t'envoie une lettre pour te remercier.

f) C'est une ______ femme ______ (jeune) aux ______ cheveux ______. (long)

g) On n'oublie jamais son ______ amour ______. (premier)

h) Une ______ étudiante ______ (seul) a répondu à ma question.

Steigerung

39 ★

Ergänzen Sie die Sätze mit der richtigen Steigerungsform.

aussi… que • moins… que • plus… qu' • plus… que • moins… qu'

a) La Tour Eiffel est ______ haute ______ la Tour de Pise.

b) Gérard Depardieu est ______ sportif ______ Sylvester Stallone.

c) Ils mesurent tous les deux 1,78 m. Sylvie est ______ grande ______ Christophe.

d) Un studio est ______ cher ______ un grand appartement.

e) Il est millionnaire, et elle est au chômage : il est ______ riche ______ elle.

f) Si j'ai bien compris, ils sont bien ______ intelligents ______ les autres !

40 ★★

Verbinden Sie die passenden Satzteile miteinander.

a) Le fleuve le plus long d'Europe, ___ **A** c'est le T.G.V.

b) Le fleuve le plus long de France, ___ **B** c'est Paris.

c) La ville la plus grande de France, ___ **C** c'est Neuilly.

d) Le train le plus rapide de France, ___ **D** c'est la Loire.

e) La ville la plus riche de France, ___ **E** c'est le Mont-Blanc.

f) Le sommet le plus haut de France, ___ **F** c'est Castelmoron-d'Albret.

g) Le village le plus petit de France, ___ **G** c'est le Rhin.

41 ★★

Schreiben Sie die Sätze, wie im Beispiel, um. Verwenden Sie dabei das angegebene Adjektiv in der Komparativform.

a) Le château de Chenonceaux date du XVIe siècle, le château de Versailles date du XVIIe siècle. (vieux)

Le château de Chenonceau est plus vieux que le château de Versailles.

b) Jacques pèse 92 kilos, Simon pèse 75 kilos. (lourd)

____

c) L'emplacement de tente coûte 25 euros au camping des Sables, et seulement 22 euros au camping des Dunes. (cher)

____

42 ★★★

Ergänzen Sie die Sätze mit der richtigen Steigerungsform der Adjektive.

a) Ce vin n'est pas mauvais, mais celui-ci est encore ____________. (bon)

b) Tous les gâteaux sont réussis, mais celui-là est ____________ de tous ! (bon)

c) Elle n'est vraiment pas grande, elle est ____________ que sa sœur ! (petit)

d) Il nous explique toujours tout dans les ____________ détails… (petit)

e) Attendre, c'est ____________ des choses ! (mauvais)

f) Son café est mauvais, mais le mien est ____________. (mauvais)

!

Die Adjektive **mauvais** im Sinne von *schlecht* und **petit** im Sinne von *klein* werden regelmäßig mit **plus** gesteigert. Nur wenn sie *schlimm* und *gering* bedeuten, werden die unregelmäßigen Formen **pire** ***(schlimmer, der/die/das schlimmste, am schlimmsten)*** und **moindre** ***(kleiner, der/die/das kleinste, am kleinsten)*** verwendet.

PERSONAL- UND ADVERBIALPRONOMEN

4

Verbundene und unverbundene Personalpronomen

43 ★

Ergänzen Sie die Sätze mit dem jeweils richtigen verbundenen Personalpronomen.

Je • J' • Tu • il • Elle • Nous • vous • Ils • Elles

a) ___Tu___ es arrivé hier de Nice ?

b) Êtes-___vous___ sûrs de votre décision ?

c) ___J'___ ai envie de manger une bonne glace.

d) ___Elles___ s'achètent des robes et des bijoux.

e) ___Ils___ ont reçu un paquet de leur grand-mère.

f) ___Elle___ est partie ce matin en avion.

g) ___Il___ travaille comme employée dans une banque.

h) Pourquoi est-___il___ descendu à la cave ?

44 ★

Verbinden Sie die Sätze mit der gleichen Bedeutung.

a) Il faut être silencieux.	c	**A**	On doit faire du sport.
b) Ne sortez pas vos cigarettes !	b	**B**	On ne doit pas fumer.
c) Bougez le plus possible !	a	**C**	On ne doit pas faire de bruit.
d) Il ne faut pas mentir.	e	**D**	On ne doit pas ouvrir la porte.
e) Interdiction d'ouvrir la porte.	d	**E**	On doit dire la vérité.

!

In Sprichwörtern oder Anweisungen steht das Pronomen **on** im Sinne von *man*, in der Umgangssprache oft im Sinne von *wir*. In diesem Fall gilt es als Pluralsubjekt: **On est allés au ciné**. – *Wir sind ins Kino gegangen*.

45 ★★

Welcher Satz passt zu jedem Bild? Kreuzen Sie an.

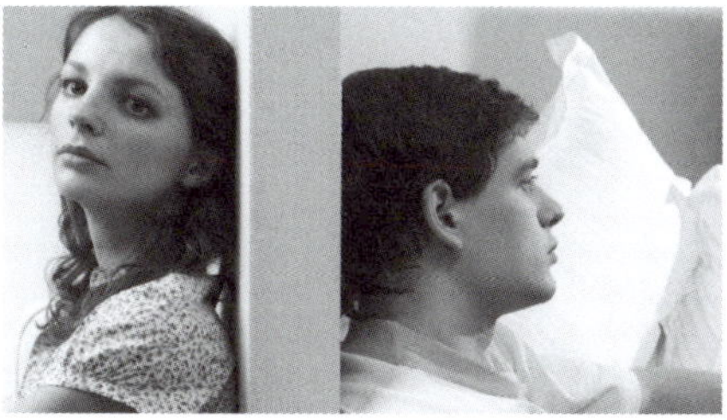

a) ☐ **A** Je tourne à gauche.
☐ **B** Elle se tourne vers Marc.
☒ **C** Ils se tournent le dos.

b) ☐ **A** Tu lis un livre.
☒ **B** Elle passe un examen.
☐ **C** Il passe un concours.

c) ☐ **A** Tu t'appelles Christine.
☐ **B** Je suis votre voisin !
☒ **C** Ils se présentent.

d) ☐ **A** Il regarde le ballon.
☒ **B** Il est assis sur le ballon.
☐ **C** Nous sommes vers le ballon.

46 ★★

Ergänzen Sie die Sätze mit dem jeweils richtigen Pronomen.

a) __Il__ est infirmière dans un grand hôpital de Paris. (Jade)

b) __Ils__ sont partis pour deux semaines dans le Pas de Calais. (Luc et Jean)

c) __Ils__ sont mariés depuis plus de dix ans. (France et son mari)

d) Ont- __elles__ déjà des enfants ? (Lila et Mélina)

e) __Il__ travaille dans l'industrie automobile. (Simon)

f) __Ils__ se sont rencontrés chez des amis. (Christophe et Aude)

47 ★★

Finden Sie die unverbundenen Pronomen in dem Buchstabensalat und schreiben Sie sie auf.

lgmoiautoiixluiybelleornousetvousomeuxietelles

____

48 ★★★

Ergänzen Sie die Sätze mit dem richtigen unverbundenen Personalpronomen.

a) Vous venez avec moi ? *(mit mir)*

b) Lui, il est toujours en retard ! *(er, betont)*

c) Pourquoi est-il parti en vacances sans toi ? *(ohne dich)*

d) Elle ? Elle a toujours des bonnes notes, c'est la meilleure de la classe. *(sie, betont)*

e) Le bouquet de fleurs que j'ai apporté est pour vous. *(für euch)*

f) Les joueurs de l'équipe adverse sont plus forts que nous. *(als wir)*

g) L'avion de nos amis atterrit à 19 heures, nous avons réservé une voiture de location pour eux. *(für sie)*

h) Le chat est couché sur les genoux de Marie, il est blotti contre elle. *(an ihr geschmiegt)*

i) Passez devant, j'entrerai après vous. *(nach Ihnen)*

j) Il parle toujours d'elle. *(von ihr)*

k) J'ai acheté un petit cadeau, mais il n'est pas pour toi, il est pour lui. *(dich/ihn)*

Direkte Objektpronomen

49 ★

Ergänzen Sie die Lücken mit den richtigen Formen der direkten Objektpronomen.

a) je ______

b) tu ______

c) il ______

elle *la*

d) nous ______

vous *vous*

e) ils ______

f) elles ______

Vor Vokal und stummem **h** werden **me**, **te**, **le**, **la** apostrophiert. Das heißt, sie werden zu **m'**, **t'**, **l'**, **l'**.:

Il l'appelle. – *Er ruft ihn/sie.*
Cela ne m'intéresse pas du tout. – *Es interessiert mich überhaupt nicht.*
Sa mère l'habille tous les matins. – *Seine/Ihre Mutter zieht ihn/sie jeden Morgen an.*

50 ★

Verbinden Sie den Satz links mit dem entsprechenden Satz rechts.

a)	Il prend le bus.	___	**A** Je l'achète.
b)	Tu regardes la télé.	___	**B** Il l'a lu.
c)	J'achète le journal.	___	**C** Il le prend.
d)	Nous faisons la vaisselle.	___	**D** Tu la regardes.
e)	Il a lu le livre.	___	**E** Il les prend.
f)	Vous invitez Pascal.	___	**F** Nous la faisons.
g)	Il écoute les CD.	___	**G** Il les écoute.
h)	Il prend les valises.	___	**H** Vous l'invitez.

51 ★★

Unterstreichen Sie das passende Objektpronomen.

a) Elle ne l'/le/la aime pas. (Yves)

b) Il le/la/les choisit. (la part de gâteau au chocolat)

c) Nous le/l'/les achetons. (les chaussures)

d) Ils ne le/les/nous prennent pas. (le train)

e) Il ne l'/les/la a pas vus. (les enfants)

f) Je ne veux pas le/la/les ranger. (ma chambre)

g) Tu le/la/les/l' vois régulièrement ? (ton ami)

!

Im Passé composé wird das Hilfsverb **avoir** mit dem vorangestellten direkten Objekt angeglichen:

Je l'ai vu. – *Ich habe ihn gesehen.*
Je l'ai vue. – *Ich habe sie gesehen.* (weiblich Singular)

52 ★★★

Beantworten Sie die Fragen mit Hilfe der direkten Objektpronomen wie im Beispiel.

a) Est-ce que tu as vu mes clés ?

Non, je ne les ai pas vues.

b) Est-ce que tu cherches tes cigarettes ?

Non, ______________________________

c) Tu as trouvé mon livre d'anglais ?

Oui, ______________________________

d) C'est toi qui a pris ma bouteille d'eau ?

Non, ______________________________

e) Est-ce que tu as aidé ton amie ?

Oui, ______________________________

f) Vous avez perdu toutes vos affaires ?

Oui, ______________________________

g) Est-ce que tu écoutes souvent la radio ?

Non, ______________________________

Indirekte Objektpronomen

53 ★ Kreuzen Sie das richtige indirekte Pronomen an.

a) Tu me donnes ton avis ? - Oui, je ________ donne mon avis.

☒ **A** te ☐ **B** lui ☐ **C** le

b) Il offre un voyage à ses beaux-parents ? - Oui, il ________ offre un voyage.

☒ **A** leur ☐ **B** lui ☐ **C** eux

c) Il nous écrit souvent, et à vous, il ________ écrit aussi ?

☐ **A** me ☐ **B** nous ☒ **C** vous

d) Tu crois qu'il a demandé à sa femme de venir ? - Oui, il ________ a demandé.

☐ **A** leur ☐ **B** la ☒ **C** lui

e) Nous avons invité nos amis, ils vont venir ________ voir.

☐ **A** vous ☐ **B** les ☒ **C** nous

54 ★★

Ergänzen Sie mit dem richtigen indirekten Personalpronomen.

a) Elle ________ dit quelque chose.

b) Elle ________ montre une recette.

c) Elle ________ téléphone.

d) Il ________ donne un cours de maths.

e) Elle ________ donne une interview.

f) Elle ________ raconte une histoire.

55 ★★★

Übersetzen Sie die Sätze ins Französische.

a) *Ich gebe dir ein Buch.*

____

b) *Kannst du ihr antworten?*

____

c) *Die Nachbarn zeigen uns die Fotos.*

____

d) *Ich sage ihr nichts mehr.*

____

e) *Sprich sie nicht an!* (Patrick et Christelle)

____

f) *Frag ihn!*

____

!

Manchmal ist das Objektpronomen im Französischen direkt und im Deutschen indirekt oder anders herum:

Je l'aide. – *Ich helfe ihm/ihr.*
Je lui demande. – *Ich frage ihn.*

56 ★★★

Welche Sätze bzw. Satzteile passen zusammen? Verbinden Sie.

a) J'ai une question.	___	**A**	Raconte-leur l'histoire !
b) Quelles belles photos !	___	**B**	Montrez-nous les photos !
c) Tu lui as menti ?	___	**C**	Tu peux me répondre ?
d) Ils ne le savent pas ?	___	**D**	Pourquoi ne lui dis-tu pas la vérité ?
e) Ne raccroche pas,	___	**E**	je te passe Jean-Pierre.

Reflexivpronomen

57 ★

Ergänzen Sie die Tabelle mit dem entsprechenden Reflexivpronomen.

Subjektpronomen	Reflexivpronomen
a) je	me
b) tu	te
c) il/elle	se
nous	*nous*
d) vous	vous
e) ils/elles	se

Nur in der 3. Person Singular und Plural ist die Form des Reflexivpronomens anders als die des Objektpronomens:

Il s'appelle – *er heißt*
Elles se lavent. – *Sie waschen sich.*

58 ★★

Ergänzen Sie die Sätze mit dem richtigen Reflexivpronomen.

a) Je m' appelle Christian, et vous, comment vous appelez-vous ?

b) Il faut se laver les mains avant de passer à table.

c) À quelle heure te couches-tu le soir ?

d) Nous nous dépêchons de partir pour arriver à l'heure à la gare.

e) Elle s' est trompée de bus et elle a dû refaire tout le chemin en sens inverse.

f) Christophe et Sophie _se_ lèvent dès le chant du coq !

g) Irez-vous _vous_ baigner dans la mer quand vous serez en vacances à Deauville ?

h) Je ne _me_ souviens plus de son prénom.

i) Le papillon _s'_ est envolé et _s'_ est posé sur la fleur d'à côté.

j) Nous _nous_ moquons des feux rouges, nous traversons la route quand même !

k) Elles _se_ sont tuées dans un accident de voiture sur l'autoroute du Sud en revenant de vacances.

59 ★★★

Übersetzen Sie die Sätze ins Französische und achten Sie dabei besonders auf die Reflexivpronomen.

a) *Er steht jeden Tag um 10 Uhr auf.*

Il se lève chaque jour à 10

b) *Ich gehe oft in den Park spazieren.*

Je me promène souvent au parc

c) *Wir werden nächsten Monat heiraten.*

Nous nous marierons prochain mois

d) *Sie sind geflohen.*

______

e) *Er redet viel aber sie schweigt immer.*

______

Adverbialpronomen *en* und *y*

60 ★

Kreuzen Sie den passenden Satz an.

a) Tu prends du café ?
- ☐ **A** Oui, j'en prends.
- ☐ **B** Non, j'y vais.
- ☐ **C** Oui, je la prends.

b) Il parle du livre de Sartre.
- ☐ **A** Il le lit.
- ☐ **B** Elle en parle.
- ☐ **C** Il en parle.

c) Vous allez à Paris ?
- ☐ **A** Oui, elle y va.
- ☐ **B** Non, je n'y vais pas.
- ☐ **C** Oui, nous y sommes.

d) Tu as répondu à son e-mail ?
- ☐ **A** Oui, elle en a parlé.
- ☐ **B** Oui, je lui ai répondu.
- ☐ **C** Oui, j'y ai répondu.

e) Tu penses à apporter le livre ?
- ☐ **A** Oui, je pense à lui.
- ☐ **B** Non, je n'en veux pas.
- ☐ **C** Oui, j'y pense.

f) Il croit aux miracles ?
- ☐ **A** Oui, il y pense.
- ☐ **B** Oui, il y croit.
- ☐ **C** Non, je ne le crois pas.

61 ★★

Ergänzen Sie die Lücken mit **en** oder **y**.

a) Il ________ a des gens qui préfèrent prendre le train que la voiture.

b) Il est rentré il ________ a une demi-heure de sa promenade avec les chiens.

c) Vous ________ avez pour combien de temps avant d'avoir fini vos devoirs ?

d) J'________ ai assez, ça m'énerve, je rentre !

e) Elle a tellement couru qu'elle n'________ peut plus !

62 ★★★

Verbinden Sie die passenden Sätze miteinander.

a) Tu prends des pommes ? ____ **A** Si, je vais y aller tout de suite.

b) N'est-il pas l'heure de partir ? ____ **B** Vas-y, sers-toi, prends-en !

c) Tu es déjà rentré de Martinique ? ____ **C** Non, je n'y peux rien !

d) C'est de ta faute ! ____ **D** Oui, et j'en rêve encore !

e) Tu n'es toujours pas prêt ? ____ **E** Oui, j'en achète un kilo.

f) Je peux avoir du vin ? ____ **F** Si, je mets mes chaussures et ça y est !

Stellung bei mehreren Pronomen im Satz

63 ★

Ersetzen Sie die markierten Stellen durch Pronomen wie im Beispiel.

a) Je raconte **l'histoire à mon fils.**

Je la lui raconte.

b) J'ai montré **les photos à mes parents.**

____

c) Je parle **de mes vacances à mon amie.**

____

d) Il faut inviter **Marc à la fête.**

____

Die Stellung der Pronomen ist im Französischen vorgeschrieben:

Das Subjekt **je/tu/il/elle/nous/vous/ils/elles** wird unmittelbar von **me/te/se/nous/vous** gefolgt, dann kommt **le/la/les**, dann **lui/leur** oder **y** bzw. **en**. Erst dann kommt das Verb.

64 ★★

Bringen Sie die Wörter wieder in die richtige Reihenfolge und bilden Sie sinnvolle Sätze.

a) demande | Je | la | lui

____

b) Il | y | | a | vu | pas | ne | l'

____

c) Vous | prêtées | leur | avez | les

____

d) Il | lui | offrir | tasse | une | en | va

____

65 ★★★

Kreisen Sie die richtige Reihenfolge der Pronomen ein.

a) Tu veux du gâteau ? Oui, passe-**le moi/m'en deux/les leur**.

b) C'est son jouet ! Donne-**le moi/le lui/les leur**.

c) La voiture est au garage. Il **l'y/le lui/les nous** fait réparer.

d) Horrible ! Ne **me le/m'en/m'y** parle pas !

e) Il reste du café ? Oui, il **y en/le lui/me l'**a encore.

f) Sa mère veut entendre son histoire. Il **le lui/l'y/la lui** raconte.

g) Les magazines ? Attends, je **me les/te les/te l'**apporte.

h) C'est secret ! Ne **le leur/le nous/le moi** dis pas !

i) Ton sac est dans la cuisine. Ne **l'en/le lui/l'y** oublie pas !

j) Quelle histoire ! Ne **m'en/me la/m'y** parle pas !

Demonstrativbegleiter und -pronomen

66 ★

Welcher Demonstrativbegleiter passt zum Bild? Kreuzen Sie an.

a) ☐ A ce
☐ B cette
☐ C ces

b) ☐ A ce
☐ B cet
☐ C ces

c) ☐ A cette
☐ B ces
☐ C cet

d) ☐ A ce
☐ B cet
☐ C cette

67 ★★

Verbinden Sie den Begriff mit seiner Bedeutung.

a) cet après-midi	___	A *heute Morgen*
b) cette nuit	___	B *heute Abend*
c) ce soir	___	C *heute Nacht*
d) ce matin	___	D *heute Nachmittag*

68 ★★

Ergänzen Sie die Sätze mit dem richtigen Demonstrativbegleiter.

ce • cette • cette • ces • cet • ces • cet • ces

a) Vous désirez ________ robe-ci ou ________ robe-là ?

b) Je vais m'acheter ________ chaussures rouges en cuir.

c) Qu'est-ce que vous pensez de ________ acteur américain ?

d) Je suis très content de demeurer dans ________ hôtel.

e) Prenez d'abord ________ chemin-là puis ensuite au bout, tournez à gauche.

f) Je n'aime pas toutes ________ histoires !

g) Il ne parle pas beaucoup ________ jours-ci.

69 ★★★

Verbinden Sie die passenden Sätze bzw. Satzteile miteinander.

a) Ce n'est pas mon livre,	___	**A** Celui-ci ou celui-là ?
b) Tu as pris tous les vêtements de sport ?	___	**B** Non, seulement ceux dont j'ai besoin.
c) Tu emportes les BD ?	___	**C** c'est celui de Pascal.
d) Tu veux quel pull ?	___	**D** Oui, mais seulement celles qui m'intéressent !
e) Tu me donnes ton adresse e-mail ?	___	**E** Non, ce sont ceux de ma sœur !
f) Ce sont vos enfants ?	___	**F** Celle de la maison ou celle du bureau ?
g) Lesquelles désirez-vous ?	___	**G** Je vais prendre celles-là.

Possessivbegleiter und -pronomen

70 ★

Ergänzen Sie die Tabelle mit dem richtigen Possessivbegleiter.

	a) ein Besitzer	b) mehrere Besitzer
1. Person	*mon* frère _____ sœur _____ frères/sœurs	_____ frère _____ sœur _____ frères/sœurs
2. Person	_____ père _____ mère _____ copains/copines	*votre* père _____ mère _____ copains/copines
3. Person	_____ oncle _____ tante _____ travaux/maisons	_____ oncle *leur* tante _____ travaux/maisons

!

Im Gegensatz zum Deutschen richtet sich der Possessivbegleiter im Französischen nicht nur nach dem Geschlecht, sondern auch nach der Zahl des Besitzers: **son chien/sa chienne** können sowohl *sein Hund/ihr Hund* als auch *seine Hündin/ ihre Hündin* bedeuten.

71 ★★

Ergänzen Sie die Lücken mit dem richtigen Possessivbegleiter.

a) Je vais à l'exposition de peinture avec **mon/ma** amie.

b) **Sa/Son** auberge se trouve à dix kilomètres d'ici.

c) Il est monté dans **sa/son** auto et est parti aussitôt.

d) Tu me racontes **ton/ta** histoire ?

72 ★★

Schreiben Sie die Sätze um und ersetzen Sie dabei die markierte Stelle durch einen Possessivbegleiter wie im Beispiel.

a) Cet appareil photo est **à moi**.

C'est mon appareil photo. ______________________

b) Ces jouets sont **aux enfants**.

Ce sont ______________________

c) C'est la voiture **de Papa**.

____

d) Excusez-moi, ces billets sont **à vous** ?

____

e) Désolé, mais cette place de parking est **à nous**.

____

73 ★★★

Kreuzen Sie das richtige Possessivpronomen an.

a) C'est votre maison ? Oui, c'est ______________.

☐ **A** la mienne ☐ **B** la tienne ☐ **C** le mien

b) Est-ce que ce sont vos parents ? Non, ce ne sont pas ______________.

☐ **A** les siens ☐ **B** les leurs ☐ **C** les nôtres

c) Ce tableau t'appartient ? Oui, c'est ______________ depuis que je l'ai hérité de mes parents.

☐ **A** la leur ☐ **B** le vôtre ☐ **C** le mien

d) C'est la voiture de Sébastien et Irène ? Oui, c'est ______________.

☐ **A** la sienne ☐ **B** le leur ☐ **C** la leur

Indefinitpronomen

74 ★

Ordnen Sie den Fragen die jeweils passende Antwort zu.

a) Tu as un problème ?	___	A	Oui, un pour chacun.
b) Vous avez invité beaucoup de personnes ?	___	B	Non, absolument aucun.
c) Il y a assez de bonbons ?	___	C	Oui, mais certaines ne peuvent pas venir, malheureusement.
d) Que veux-tu comme cadeau ?	___	D	Non, ils ont tout mangé !
e) Tu prends un seul morceau ?	___	E	Non, j'en prends plusieurs.
f) Est-ce qu'il reste du gâteau ?	___	F	Quelque chose de beau !

75 ★★

Wählen Sie die richtige Form von **tout**.

a) Ils ont passé leurs vacances **tout/tous/toute** ensemble.

b) Ils ont passé **tous/toute/toutes** les vacances ensemble.

c) Je travaille **tout/toute/tous** la journée.

d) Chez eux, **tout/toutes/tous** doit toujours être rangé et propre.

e) Tu m'as déjà montré les photos, je les connais déjà **tous/toute/toutes**.

f) Il y avait du monde, même mes cousins, ils étaient **tout/tous/toutes** là.

g) Vous pouvez faire **tous/tout/toute** ce que vous voulez !

h) **Tout/Tous/Toute** les élèves ont assisté au spectacle.

Tous und **toutes** richten sich nach dem Substantiv, das sie ersetzen. **Tout** ist unveränderlich und bedeutet *alles*. Vom bestimmten Artikel gefolgt, bedeuten **tout le/toute la/tous les/toutes les** *der/die/das ganze, die ganzen*.

76

★★★

Übersetzen Sie die Sätze ins Französische.

a) *Einige meiner Freunde wollen zu der Feier nicht kommen.*

____

b) *Möchten Sie etwas zu trinken?*

____

c) *Er hat mir alles erzählt.*

____

d) *Es ist dunkel, ich sehe nichts.*

____

77

★★★

Ergänzen Sie die Sätze mit den passenden Pronomen.

aucun • aucune • quelques-uns • quelques-unes • chacun • chacune

a) Il a beaucoup de défauts, mais moi, je n'en ai ____________.

b) Des pommes, oui, je vais en prendre ____________.

c) On ne passe pas devant les autres comme ça, c'est ____________ son tour.

d) Des difficultés ? Non, il n'en a eu ____________ !

e) Ils sont ____________ à vouloir faire le voyage en train, mais nous, nous partirons en voiture.

f) Dans le musée, il y avait plusieurs salles, nous sommes entrés dans ____________ d'elle.

Verneinungselemente

78 ★

Ordnen Sie die Antworten den passenden Fragen zu.

a) Tu as fait la vaisselle ?	____	**A** Non, il est encore là.
b) Il n'est pas encore parti ?	____	**B** Si, ses valises ne sont plus là.
c) Le train est déjà parti ?	____	**C** Un peu, j'adore le vin.
d) Il y avait du monde au cinéma ?	____	**D** Oui, il y a dix minutes, et je l'ai même essuyée.
e) Vous buvez de l'alcool ?	____	**E** Non, il n'y avait personne !

79 ★★

Verneinen Sie die Sätze mit **ne ... pas** bzw. **n' ... pas** vor Vokal oder stummem **h**.

a) Philippe est très intelligent.

____

b) Je suis allée au musée hier.

____

c) Vous viendrez nous rendre visite la semaine prochaine ?

____

d) Ils sont mariés et ont des enfants.

____

e) Elle habite dans une grande villa.

____

80 ★★

Ergänze die Tabelle mit dem passenden Verneinungselement im Französischen.

nicht	ne... pas
a) *nicht mehr*	ne...
b) *nichts*	ne...
c) *nie*	ne...
d) *nie mehr*	ne...
e) *niemand*	ne...
f) *nichts mehr*	ne...
g) *niemand mehr*	ne...
h) *noch nicht*	ne...

81 ★★★

Kreuze die richtige Formulierung an.

a) Ich komme nicht.

- ☐ **A** Je ne viens plus.
- ☐ **B** Je ne viens pas.
- ☐ **C** Je ne viens jamais.

b) Ich kann nichts mehr essen.

- ☐ **A** Je ne peux rien manger.
- ☐ **B** Je ne peux jamais manger.
- ☐ **C** Je ne peux plus rien manger.

c) Er kennt niemand.

- ☐ **A** Personne ne le connaît.
- ☐ **B** Il ne connaît personne.
- ☐ **C** Il ne connaît plus personne.

d) Das Boot ist immer noch nicht da.

- ☐ **A** Le bateau n'est toujours pas là.
- ☐ **B** Le bateau n'est pas encore là.
- ☐ **C** Le bateau n'est plus là du tout.

Stellung der Verneinung und kombinierte Verneinung

82 ★

Setzen Sie die durcheinandergeratenen Sätze in die richtige Reihenfolge.

a) Gérard | vient | soir | ce | pas | ne

____

b) personne | elle | Elle | ne | reçoit | chez

____

c) merci, | Non | ne | rien | prends | je

____

d) quand | Depuis | ne | plus | -vous | fumez | ?

____

e) Elle | personne | jamais | ne | voit

____

Die Verneinungselemente umschließen in einfachen Zeiten und im Imperativ das konjugierte Verb:

Je n'aime pas les maths.
Ich mag Mathe nicht.

Ne fumez pas dans les toilettes.
Rauchen Sie nicht auf der Toilette.

83 ★★

Ordnen Sie die Verbote den Orten, wo sie erteilt werden können, zu.

a) Ne pas fumer dans les toilettes. ____ **A** à l'école

b) Ne pas parler au conducteur. ____ **B** dans le train

c) Ne pas courir dans les couloirs. ____ **C** à la piscine

d) Ne pas plonger. ____ **D** dans le bus

84

★★

Verneinen Sie die Sätze mit dem Verneinungselement in Klammern. Achten Sie dabei auf die Stellung und die Apostrophierung der Verneinung.

a) Il me téléphone. (ne ... jamais)

____

b) J'en parle souvent. (ne... pas)

____

c) Vous y allez tous les dimanches ? (ne... plus)

____

d) Nous avons beaucoup voyagé ces temps-ci. (ne... plus)

____

85

★★★

Kreuzen Sie die richtige Übersetzung der kombinierten Verneinung an.

a) nie etwas sagen

- ☐ **A** dire quelque chose
- ☐ **B** ne rien dire
- ☐ **C** ne jamais rien dire

b) nie jemandem wehtun

- ☐ **A** ne jamais faire de mal à personne
- ☐ **B** ne rien faire de mal
- ☐ **C** faire du mal à quelqu'un

c) ohne etwas zu essen

- ☐ **A** en mangeant
- ☐ **B** en ne mangeant pas
- ☐ **C** sans rien manger

d) ohne jemanden zu fragen

- ☐ **A** sans demander
- ☐ **B** en demandant à quelqu'un
- ☐ **C** sans demander à personne

e) nie ein einziges Problem haben

- ☐ **A** ne pas avoir de problème
- ☐ **B** ne jamais avoir de problème
- ☐ **C** ne jamais avoir aucun problème

f) nie wieder etwas sagen

- ☐ **A** ne jamais rien dire
- ☐ **B** ne plus jamais rien dire
- ☐ **C** ne plus rien dire

Verneinung und Mengenangaben

86 ★

Ergänzen Sie den verneinten Satz, indem Sie den Begriff auf dem Foto und **die Verneinung** wie im Beispiel kombinieren.

a) Au marché, il n'y avait *pas de pommes.*

b) Moi, je ne joue ______________________.

c) Nous n'avons ______________________.

d) Il ne prend ______________________.

Bei Verneinung in Verbindung mit Mengenangaben drückt die Verneinung die Menge Null aus und bedeutet ***kein*** im Deutschen. Zwischen der Verneinung und dem folgenden Substantiv steht **de/d'**.

87 ★★

Umkreisen Sie das passende Verneinungselement.

a) Je n'achète **pas des/pas d'**oranges.

b) Il ne prend **pas de la/pas de** viande.

c) Je ne vois **pas d'/pas des** enfants.

d) Pour faire des crêpes, il ne faut **pas des/pas de** levure.

88 Ergänzen Sie die Sätze mit dem richtigen Verneinungselement.

★★

pas d' ▪ pas de ▪ pas un ▪ pas une ▪ pas du ▪ pas de ▪ pas des

a) Ce n'est ______________ clémentine que j'ai achetée au marché, mais une mandarine.

b) Non, il n'y a ______________ restaurant dans le coin, je vous conseille d'aller dans le centre-ville.

c) Il nous faut des bougies, il n'y a ______________ électricité depuis plus d'une heure !

d) Pour le coq au vin, ce n'est ______________ vin blanc qu'il faut, mais du vin rouge bien sûr !

e) Ne prenez ______________ casque, ce n'est pas dangereux !

f) Vos moules, ce ne sont ______________ fraîches ?

g) Ce n'est ______________ caniche, c'est un colley !

89 Ordnen Sie die Sätze ihrer richtigen Übersetzung zu.

★★★

a) Je n'aime pas les concombres.	___	A *Ich kaufe keine Gurke.*
b) Ce n'est pas un concombre.	___	B *Sie hasst Gurken.*
c) Je n'achète pas de concombre.	___	C *Ich mag keine Gurken.*
d) Vous aimez le concombre ?	___	D *Es gibt keine Gurke mehr.*
e) Vous prenez du concombre ?	___	E *Ich kaufe zwei Gurken.*
f) J'achète deux concombres.	___	F *Nehmen Sie etwas Gurke?*
g) Il n'y a plus de concombre.	___	G *Mögen Sie Gurke?*
h) Elle déteste les concombres.	___	H *Es ist keine Gurke.*

Verben auf -er

90 ★ Ergänzen Sie die Tabelle mit den richtigen Endungen.

a) parler	b) aimer
je parl_____	j'aim_____
tu parl_____	tu aim_____
il/elle parl_____	il/elle aim_____
nous parl_____	nous aim_____
vous parl_____	vous aim_____
ils/elles parl_____	ils/elles aim_____

Es lohnt sich, die Konjugation der Verben auf **-er** auswendig zu lernen: Sie machen rund 90 % der französischen Verben aus! Die meisten sind regelmäßig und werden nach dem obigen Muster konjugiert.

91 ★ Geben Sie an, ob diese Verben im Singular (S) oder im Plural (P) konjugiert sind.

a) aimes _____ **b)** parlons _____
c) chantes _____ **d)** regarde _____
e) écoutez _____ **f)** aiment _____
g) habite _____ **h)** demandons _____
i) entres _____ **k)** chante _____
l) chauffe _____ **l)** fermons _____
m) sautez _____ **n)** joues _____
o) amuses _____ **p)** travaillent _____

92 ★★

Konjugieren Sie die in Klammern stehenden Verben.

a) Les enfants ______________ dans leur chambre. (jouer)

b) Je ne vous ______________ pas. (parler)

c) Nous ______________ la télé ensemble ce soir. (regarder)

d) Vous ______________ la porte, s'il vous plaît ? (fermer)

e) Est-ce que tu ______________ les raviolis ? (aimer)

f) Elle ______________ dans un grand appartement de trois pièces en plein centre de Paris. (habiter)

g) Je lui ______________ un renseignement et j' ______________. (demander, arriver)

h) Il ______________ dans une société agro-alimentaire. (travailler)

i) Tu ______________ de te faire arrêter par la police si tu ______________ trop vite. (risquer, rouler)

93 ★★

Verwandeln Sie die Sätze in den Plural, indem Sie die entsprechende 1., 2. oder 3. Person Plural wie im Beispiel wählen.

a) J'écoute de la musique.

Nous écoutons de la musique.

b) Tu parles toujours beaucoup.

Vous ______________

c) Elle allume la lumière.

Elles ______________

d) Je tire une carte.

____

e) Tu me gardes une part de gâteau.

____

f) Il déjeune tous les jours à la cantine.

____

g) Elle déguste un bon vin rouge.

____

94 ★★ Umkreisen Sie die richtige Verbform.

a) Le film **commence/commençons/commences** à vingt heures.

b) Nous **commences/commençons/commencent** vraiment à avoir faim !

c) Les enfants se **lance/lancent/lançons** le ballon.

d) Vous n'**avance/avancez/avances** pas très vite.

e) Elle **mange/manges/mangez** tout avec les doigts.

f) Nous **mange/mangent/mangeons** toujours chaud à midi.

g) Tu **nage/nages/nagent** comme un poisson dans l'eau !

h) Ils **partages/partage/partagent** toujours tout.

i) Vous **déménager/déménagent/déménagez** quand ?

Die Verben auf **-cer** und **-ger** weisen eine Besonderheit beim Schriftbild der 1. Person Plural auf, damit die Aussprache des Stammes immer erhalten bleibt: **-c-** wird zu **-ç-** und **-g-** wird zu **-ge-**.

95 ★★

Konjugieren Sie die Verben nach den Pronomen.

a) payer	je ______ /	il ______ /	nous ______
	je ______	il ______	
b) essayer	tu ______ /	vous ______	ils ______ /
	tu ______		ils ______
c) nettoyer	je ______	elle ______	vous ______
d) tutoyer	tu ______	il ______	ils ______
e) essuyer	j'______	elle ______	nous ______
f) ennuyer	il ______	vous ______	ils ______

!

Bei den Verben auf **-ayer** kann in allen Singularformen und bei der 3. Person Plural vorzugsweise ein **-i** verwendet werden (ein **-y** ist aber auch möglich): **j'égaie/égaye** *ich heitere auf*. Bei den Verben auf **-oyer** und **-uyer** muss ein **-i** verwendet werden:

il aboie – *er bellt* **j'essuie** – *ich wische ab*

96 ★★

Kreuzen Sie die richtige Form des Verbs an.

a) J'______ deux kilos de tomates et un kilo de poivrons.

☐ **A** achète ☐ **B** achetez ☐ **C** achetons

b) Elle ______ toujours la main quand le professeur pose une question.

☐ **A** lèves ☐ **B** levez ☐ **C** lève

c) Tu nous ______ en voiture à la gare, s'il te plaît ?

☐ **A** emmenez ☐ **B** emmènes ☐ **C** emmènent

d) Je ______ toujours mes déchets à la poubelle.

☐ **A** jeté ☐ **B** jettes ☐ **C** jette

e) Tu m'______ ton nom, s'il te plaît ?

☐ **A** épelles ☐ **B** épelez ☐ **C** épelle

f) Comment vous ______-vous ?

☐ **A** appelle ☐ **B** appelons ☐ **C** appelez

g) Qu'est-ce que tu ______, la glace à la vanille ou au chocolat ?

☐ **A** préférez ☐ **B** préfère ☐ **C** préfères

h) Je vous le ______ encore une fois.

☐ **A** répètes ☐ **B** répétons ☐ **C** répète

i) Nous vous ______ qu'il faut arriver à temps.

☐ **A** rappelle ☐ **B** rappelons ☐ **C** rappelez

97 ★★★

Verwenden Sie die Verben in der richtigen Form.

fermer ▪ manger ▪ enlever ▪ commencer ▪ nettoyer ▪ jeter ▪ répéter ▪ regarder

a) Le soir, je ______ toujours toutes les portes avant d'aller dormir.

b) À quelle heure ______-nous à travailler demain ?

c) Le samedi, ils ______ toujours au restaurant.

d) Ils ne ______ pas à la dépense, ils ______ tout leur argent par les fenêtres.

e) Tu me ______ ton prénom, s'il te plaît, je n'ai pas bien compris.

f) Vous ______ aussi le tapis de la salle de bains, s'il vous plaît ?

g) Elle ______ son manteau car il fait beaucoup trop chaud dans la pièce.

Verben auf -ir

98 ★

Ergänzen Sie beide Verben mit den richtigen Endungen.

a) partir

je	par______
tu	par______
il/elle	par______
nous	par______
vous	par______
ils/elles	par______

b) finir

je	fin______
tu	fin______
il/elle	fin______
nous	fin______
vous	fin______
ils/elles	fin______

Die Verben auf **-ir** werden in Verben mit und ohne Stammerweiterung unterteilt, insgesamt gibt es ungefähr 300 Verben, die auf **-ir** enden.

Die Verben ohne Stammerweiterung werden wie **partir** (*weggehen/-fahren*) konjugiert, die Verben mit Stammerweiterung wie **finir** (*beenden*).

99 ★

Ergänzen Sie die Lücken mit der richtigen konjugierten Form des Verbs in Klammern.

a) Vous ______________ vos devoirs et on y va ! (finir)

b) Ils ______________ tous les jours en train à leur travail. (partir)

c) Je ______________ à ce que je voudrais faire quand je serai plus grande. (réfléchir)

d) Nous faisons tout le circuit en voiture et nous ______________ dans des hôtels différents chaque soir. (dormir)

e) Lila est rusée, elle ______________ toujours à me faire faire ce qu'elle veut ! (réussir)

f) Les spectateurs ____________ lorsque le chanteur entre en scène. (applaudir)

g) Je ____________ qu'il va encore arriver en retard comme à son habitude... (sentir)

h) Et vous, vous ____________ souvent le soir avec votre mari ? (sortir)

i) La voiture devant nous ____________, peut-être qu'il y a des travaux, soyons prudents ! (ralentir)

100 ★★

Tragen Sie die Verben in die richtige Spalte ein.

dormir • applaudir • mentir • sentir • choisir • réussir • réfléchir • sortir • agir • nourrir • punir • saisir

a) Verben auf -ir ohne Stammerweiterung wie **partir**	**b)** Verben auf -ir mit Stammerweiterung wie **finir**

Prägen Sie sich gut ein, welche Verben auf **-ir** mit Stammerweiterung gebildet werden, denn genau diese Trennung werden Sie brauchen, wenn Sie die Vergangenheitsform Imparfait lernen!

101 ★★

Ordnen Sie die Pronomen den passenden Satzenden zu.

a) Je	___	A part dans dix minutes.
b) Tu	___	B réfléchis à mon exercice.
c) Il	___	C saisissons l'occasion.
d) Nous	___	D finis ton dessert ?
e) Vous	___	E mentent, ce n'est pas vrai !
f) Elles	___	F dormez jusqu'à quelle heure ?

102 ★★★

Ergänzen Sie die Lücken mit den richtigen Formen von **choisir**, **dormir réfléchir**, **sentir** und **sortir** anhand der Bilder.

a) Je ______________ à l'hôtel.

b) Nous ______________ dans notre chambre.

c) Je ______________ la salade grecque.

d) Elle ______________.

e) Nous ______________________
les frites.

f) Ils se ______________________
très heureux.

g) Elle ______________________ la fleur de tournesol.

h) Le mardi, ils ______________________
ensemble au restaurant.

103 ★★★

Übersetzen Sie ins Französische.

a) *wir lügen*

____

b) *sie fährt weg*

____

c) *ich ernähre mich*

____

d) *ihr schlaft*

____

e) *sie beenden*

____

f) *ich überlege*

____

g) *er geht aus*

____

h) *wir handeln*

____

Verben auf -re

104 ★

Ergänzen Sie die Sätze mit den richtigen Formen von **mettre**.

a) Je ______________ mon costume et mes chaussures chic pour aller au mariage de ma cousine.

b) Tu ______________ la table, s'il te plaît ? Les invités arrivent dans une demi-heure !

c) Elle ______________ la quiche dans le four.

d) On ______________ de la musique classique ?

e) Nous ______________ nos gants pour sortir dans la neige.

f) Vous ______________ le beurre dans le frigo ?

g) Ils ______________ beaucoup de temps à arriver…

h) Il ______________ son cartable dans le coffre de la voiture.

Es gibt viele Redewendungen mit **mettre**, die Sie am besten auswendig lernen:

mettre la table – *den Tisch decken*
mettre un vêtement – *ein Kleidungsstück anziehen*
mettre du temps – *Zeit brauchen*

105 ★★

Kreuzen Sie die passende Antwort an.

a) Je peux sortir au cinéma avec mes amis ce soir ?

☐ **A** Oui, bien sûr je te le permets.

☐ **B** Oui, mets-le au porte-manteau !

☐ **C** Ça, je le lui promets!

b) Vous êtes sûrs que nous allons avoir un cadeau ?

☐ **A** Oui, bien sûr je te le permets.

☐ **B** Oui, mets-le !

☐ **C** Ça, je vous le promets !

c) Tu trouves que ce pantalon est assez bien pour sortir en boîte ?

☐ **A** Oui, bien sûr je te le permets.

☐ **B** Oui, mets-le !

☐ **C** Ça, je vous le promets !

Die Verben **admettre *(zugeben)***, **omettre *(auslassen)***, **permettre *(erlauben)***, **promettre *(versprechen)*** und **transmettre *(übermitteln)*** werden wie **mettre *(setzen, legen, stellen,*** etc.***)*** konjugiert.

106 ★★

Ergänzen Sie das Verb **attendre** mit der richtigen Endung.

a) J'atten______ le bus pour aller à l'aéroport.

b) Nous vous atten______ déjà depuis plus d'une heure, qu'est-ce que vous avez fait ?

c) Tu m'atten______ pour qu'on aille ensemble au concert ?

d) Elles atten______ la fin de l'année scolaire avec impatience et sont pressées d'être en vacances.

e) Qu'atten______-il pour démarrer la voiture ?

f) Vous atten______ ? Il ne me faut plus que dix minutes et je suis prête !

g) On atten______ souvent longtemps avant de rencontrer l'âme sœur...

107 ★★

Ergänzen Sie die Sätze mit dem passenden Pronomen.

Je ▪ Tu ▪ Il ▪ Nous ▪ Vous ▪ J' ▪ Il ▪ Elles ▪ Tu

a) ________ étendent le linge sur le fil pour qu'il sèche.

b) ________ perds de l'argent si tu investis dans ce fonds.

c) ________ vendons des voitures neuves et quelques-unes d'occasion.

d) ________ perdez le match, avec deux points de retard sur l'autre équipe.

e) ________ entends mon père qui arrive, chut !

f) ________ lui tend les bras pour l'accueillir.

g) ________ prétend qu'il a raison, mais je vous dis qu'il a tort.

h) ________ me détends le mieux en prenant un bain chaud avec de la mousse.

i) ________ me rends mon crayon !

108 ★★★

Übersetzen Sie folgende Sätze ins Französische.

a) *Sie erwartet ein Kind.*

____

b) *Er verliert seine Haare.*

____

c) *Wir verkaufen unser Haus.*

____

d) *Du hörst Stimmen.*

____

e) *Ich reiche dir die Hand.*

____

f) *Ich gebe dir dein Geschenk zurück.*

____

g) *Wir warten vor der Kirche.*

____

109 ★★★

Verbinden Sie die konjugierten Formen mit dem passenden Infinitiv.

a) j'atteins	___	**A** peindre
b) il peint	___	**B** teindre
c) nous craignons	___	**C** contraindre
d) vous contraignez	___	**D** se plaindre
e) tu teins	___	**E** atteindre
f) ils se plaignent	___	**F** geindre
g) je geins	___	**G** craindre
h) il feint	___	**H** éteindre
i) nous éteignons	___	**I** feindre

!

Die Verben auf **-indre** verlieren das **-d** vom Stamm im Singular:

craindre – *befürchten:* **je crains, tu crains, il craint**

Aber Vorsicht bei einigen Verben auf **-oudre**, die das **-d** behalten:

coudre – *nähen:* **je couds**
moudre – *mahlen:* **elle moud**

Wichtigste unregelmäßige Verben

110 ★

Rahmen Sie die waagerecht und senkrecht konjugierten Formen von **être** und **avoir**. Schreiben Sie sie danach in die Lücken.

X	Z	I	Ê	T	E	S	A
G	E	S	T	P	S	O	I
A	V	O	N	S	U	A	O
Q	B	N	H	N	I	V	N
U	N	T	T	X	S	E	T
S	O	M	M	E	S	Z	X
T	K	J	V	S	I	X	J
C	A	I	D	F	R	A	S

a) **avoir**

____

____

____

b) **être**

____

____

____

Lernen Sie beide Verben auswendig, da Sie diese für alle zusammengesetzten Zeiten brauchen werden!

111 ★

Konjugieren Sie das Verb **aller**.

a) Je ______________ en ville pour acheter un pantalon.

b) Il ______________ à Barcelone demain.

c) Où ______________-nous en voyage cette année ?

d) Vous ______________ au cours de sport tous les mercredis soirs ?

e) Ils ______________ bien depuis qu'ils ont pris des vacances.

f) Tu ______________ au bureau à pied ou en vélo ?

g) On ______________ au café du coin.

112 ★★

Verbinden Sie die passenden Satzteile. Nur eine Antwort ist erlaubt.

a) Je ne veux pas	___	A arrêter de fumer.
b) Tu dois absolument	___	B toujours la vérité.
c) Il sait parfaitement	___	C une lettre.
d) Nous ne pouvons pas	___	D nager.
e) Elle m'écrit	___	E venir demain soir.
f) Vous ne dites pas	___	F de café.

!

Die Modalverben behalten den Infinitivstamm bei **nous** und **vous**. Im Singular und in der 3. Person Plural ändert sich jedoch der Stamm:

devoir – *sollen; müssen:* **je dois, nous devons**
pouvoir – *können; dürfen:* **je peux, nous pouvons**
vouloir – *wollen; mögen:* **je veux, nous voulons**
savoir – *wissen; können:* **je sais, nous savons**

113 ★★

Ergänzen Sie die Tabelle mit den richtigen Formen der Verben.

a) prendre	**b)** comprendre	**c)** apprendre
je *prends*	je ___	j' ___
tu ___	tu ___	tu ___
il/elle ___	il/elle ___	il/elle ___
nous ___	nous *comprenons*	nous ___
vous ___	vous ___	vous ___
ils/elles ___	ils/elles ___	ils/elles *apprennent*

114 ★★

Kreise die richtige konjugierte Form ein.

a) Nous **bois/buvons/boivent** du café au lait au petit-déjeuner.

b) Vous **conduisez/conduis/conduisons** vraiment ce camion ?

c) Ils se **connais/connaît/connaissent** depuis toujours.

d) Qu'est-ce que vous **croyons/croient/croyez** ?

e) Tu **écrivent/écrit/écris** vraiment bien.

f) Qu'est-ce que vous **faisons/faites/fait** dans la vie ?

g) Je **vient/venons/viens** chez toi dimanche après-midi.

h) Elle **vis/vit/vivent** seule dans cette grande maison.

i) Nous **lit/lisez/lisons** les journaux tous les matins.

115 ★★★

Erzählen Sie eine Geschichte und verwenden Sie dabei die folgenden Wörter.

dormir tard • courir dans la nature • déjeuner en famille • faire des courses • dîner au restaurant • lire un livre • aller au cinéma le soir

Le samedi, je ______________________

____

____

____

____

____

____

Reflexivverben

116 ★

Ergänzen Sie die Lücken mit der richtigen konjugierten Form des Reflexivverbes in Klammern.

a) Je ______________ les mains. (se laver)

b) Vous ______________, s'il vous plaît, pour que je vous examine. (se déshabiller)

c) Tu ______________ dans le miroir ? (se voir)

d) Nous ______________ dans le seizième arrondissement de Paris. (se trouver)

e) Elle ______________ et ______________. (se coiffer, se maquiller)

117 ★★

Nicht alle französischen Reflexivverben sind es auch im Deutschen und anders herum auch nicht! Ordnen Sie zu.

a) s'appeler ___ **A** *heiraten*

b) bouger ___ **B** *spazieren gehen*

c) se promener ___ **C** *duschen*

d) se marier ___ **D** *sich bewegen*

e) s'endormir ___ **E** *heißen*

f) se doucher ___ **F** *sich schämen*

g) avoir honte ___ **G** *aufwachen*

h) se lever ___ **H** *aufstehen*

i) se réveiller ___ **I** *einschlafen*

Imparfait und Passé composé

118 ★

Setzen Sie die Verbformen ins Imparfait.

Präsens	Imparfait
a) je parle	
b) nous avons	
c) vous prenez	
d) ils veulent	
e) tu peux	
f) il sait	
g) vous faites	

Das Imparfait wird bei allen Verben außer **être** ***(sein)*** gleich gebildet:

Stamm der 1. Person Plural Präsens + Endungen **-ais, -ais, -ait, -ions, -iez, -aient**.

119 ★

Ordnen Sie die konjugierten Formen von **être** im Imparfait den richtigen Pronomen zu.

a) j'	___	A était
b) il	___	B étaient
c) elles	___	C étions
d) nous	___	D étiez
e) vous	___	E étais

120 ★

Kreuzen Sie an, ob die Aussage richtig oder falsch ist.

	Vrai	Faux
a) Das Passé composé wird mit **aller** gebildet.	☐	☐
b) Das Passé composé wird mit **avoir** oder **être** gebildet.	☐	☐
c) Das Participe passé ist immer unveränderlich.	☐	☐
d) Es gibt Verben, die sowohl mit **avoir** als auch mit **être** gebildet werden können.	☐	☐

Viele Partizipien sind unregelmäßig und müssen auswendig gelernt werden. Diese finden Sie im Kapitel 10.

121 ★★

Setzen Sie die Verben ins Passé composé.

a) je regarde — j' ______

b) il fait — il ______

c) tu téléphones — tu ______

d) nous dansons — nous ______

e) vous finissez — vous ______

f) elle boit — elle ______

g) il mange — il ______

h) ils travaillent — ils ______

i) vous préparez — vous ______

j) tu vois — tu ______

k) elle comprend — elle ______

122 ★★

Ergänzen Sie die Sätze mit den richtigen Formen des Passé composé von **avoir** und **être**.

a) Quand j'étais jeune, j'________________ la rougeole.

b) Il ________________ malade toute la semaine dernière.

c) Nous ________________ de la chance, il n'a pas plu du tout pendant notre séjour en Irlande !

d) Vous ________________ à la piscine hier ?

e) Elle ________________ des problèmes avec la police.

f) Tu ________________ longtemps absent ?

!

Beide Verben **avoir** ***(haben)*** und **être** ***(sein)*** bilden das Passé composé mit **avoir**:

j'ai eu – *ich habe gehabt* **j'ai été** – *ich bin gewesen*

123 ★★

Setzen Sie die Sätze ins Passé composé.

a) Je vais en ville avec des amies faire du shopping.

____

b) Il reste deux semaines aux Pays-Bas.

____

c) Qu'est-ce qu'il devient ?

____

d) Elle vient nous voir tous les mois.

____

124 ★★

Ordnen Sie zu, mit welchem Hilfsverb das Passé composé der folgenden Verben gebildet wird.

rester • dîner • faire • avoir • être • prendre • tomber • mourir • partir • arriver • perdre • choisir • aller • venir • voyager • entrer

a) mit **avoir**	b) mit **être**

125 ★★★

Kreisen Sie die richtige Form des Partizips ein.

a) J'ai **vu/vue/vus** mes cousins à l'anniversaire de ma tante.

b) Elle est **arrivé/arrivée/arrivées** hier soir au train de 23 heures.

c) Nous sommes **partis/parti/partie** de bonne heure ce matin.

d) Elle leur a beaucoup **parlée/parlés/parlé** durant cette soirée.

e) Tu t'es **réveillées/réveillée/réveillés** à quelle heure ?

f) Elle s'est **lavée/lavé/lave** les mains avec du savon.

g) C'est la robe que tu m'as **prêté/prêtée/prêtés**.

!

- Verben mit **avoir**: unveränderlich, Angleichung bei vorangestelltem direktem Objekt
- Verben mit **être**: Angleichung mit dem Subjekt des Satzes
- Reflexivverben: immer mit **être**, Angleichung mit dem Subjekt des Satzes, außer wenn ein direktes Objekt folgt

126 ★★★

Ergänzen Sie die Sätze mit der richtigen Form des Passé composé der Verben in Klammern.

a) Je/J'________________ du train. (descendre)

b) Je/J'________________ mes valises du train. (descendre)

c) Elle ________________ les escaliers quatre à quatre. (monter)

d) Elle ________________ dans sa chambre. (monter)

e) Vous ________________ à la sortie 25 ? (sortir)

f) Vous ________________ les poubelles ? (sortir)

127 ★★★

Entscheiden Sie sich für das Passé composé oder für das Imparfait.

a) Chaque jour, Sylvie ________________ à huit heures. Aujourd'hui, elle ________________ à dix heures. (se lever)

b) Ce matin, Monsieur Merlin ________________ dans la rue avec son chien quand celui-ci ________________ sur sa laisse et ________________. (se promener, tirer, partir)

c) D'abord, je/j' ________________ au cinéma avec mes amis et après le film, nous ________________ un coup dans un café tous ensemble avant de rentrer. (aller, boire)

d) Hier soir, il ________________ tellement froid que je/j'________________ mettre un manteau et un bonnet. (faire, devoir)

e) Autrefois, il ________________ me voir tous les jours, mais cela fait maintenant deux mois qu'il ________________. (venir, ne pas venir)

Plusquamperfekt

128 ★ Kreuzen Sie die passende Verbform im Plusquamperfekt an.

a) Cette année, il a fait beau alors que l'an passé, il ____ tout le temps.

- ☐ A pleut
- ☐ B a plu
- ☐ C avait plu

b) Il pleurait parce qu'il ____ son jouet.

- ☐ A avait perdu
- ☐ B perdait
- ☐ C perd

c) Je voulais rendre visite à Claire, mais malheureusement elle ____.

- ☐ A était partie
- ☐ B étaient parties
- ☐ C est partie

d) J'____ au marché la veille car je voulais du poisson.

- ☐ A allais
- ☐ B étais allé
- ☐ C étais

129 ★★ Schreiben Sie die Sätze im Plusquamperfekt wie im Beispiel um.

a) Le voleur est entré par la fenêtre et a volé tous les bijoux.

Le voleur était entré par la fenêtre et avait volé tous les bijoux.

b) L'accident a eu lieu sur la nationale 7 en direction d'Aix-en-Provence.

____

c) Ils ont voté la loi à l'unanimité.

____

d) Le spectacle s'est déroulé sur la scène de Bercy.

____

Passé simple

130 ★

Ordnen Sie die Formen des Passé simple der passenden Infinitive zu.

a) parlâtes	___	A finir
b) finis	___	B aller
c) partîmes	___	C parler
d) eus	___	D savoir
e) furent	___	E partir
f) fit	___	F faire
g) prirent	___	G avoir
h) prièrent	___	H prendre
i) allai	___	I prier
j) sus	___	J être
k) dûmes	___	K dire
l) dîtes	___	L devoir

131 ★★

Kreuzen Sie an, welche Form im Passé simple der vorgeschlagenen Form im Passé composé entspricht.

a) j'ai fait

- ☐ A je fais
- ☐ B je fis
- ☐ C je fus

b) il a bu

- ☐ A il boit
- ☐ B il buvait
- ☐ C il but

c) nous avons pris

- ☐ **A** nous prenons
- ☐ **B** nous prenions
- ☐ **C** nous prîmes

d) vous êtes venus

- ☐ **A** vous vainquez
- ☐ **B** vous vîntes
- ☐ **C** vous veniez

e) tu as dit

- ☐ **A** tu dis
- ☐ **B** tu disais
- ☐ **C** tu avais dit

f) elles sont rentrées

- ☐ **A** elle rentra
- ☐ **B** elles rentrèrent
- ☐ **C** elles rentrent

Ist Ihnen aufgefallen, dass bei einigen Verben auf **-ir** manche Formen im Passé simple identisch mit den Formen im Präsens sind?

je dis – *ich sage/sagte*
il choisit – *er wählt/wählte*
tu finis – *du beendest/beendetest*
je lis – *ich lese/las*

132 ★★

Ergänzen Sie die Lücken mit der richtigen Form der angegeben Verben im Passé simple.

a) Vers midi, il ______________ à pleuvoir. (se mettre)

b) Le chat ______________ dans son panier et ______________ à ronronner. (sauter, commencer)

c) Le TGV ______________ en gare avec plus d'une heure de retard. (entrer)

d) Ils ______________ le tour de la cathédrale pour prendre des photos sous tous les angles. (faire)

e) Elle ______________ beaucoup de chance d'avoir été attachée au moment de l'accident. (avoir)

133 ★★★

Imparfait oder Passé simple? Wählen Sie die richtige Form.

a) Je **dormais/dormis** profondément quand un bruit me **réveillait/réveilla**.

b) Lorsque le train **arrivait/arriva**, je **lisais/lis** mon livre.

c) Dans notre location de vacances, il y **avait/eut** plusieurs chambres et un grand jardin.

d) Quand elle **voyait/vit** le serveur, elle **commandait/commanda** un diabolo menthe et un capuccino.

134 ★★★

Übersetzen Sie die Sätze ins Französische und benutzen Sie dabei das Passé simple.

a) *Er ging in die Bäckerei hinein.*

____

b) *Der Unfall ereignete sich* (avoir lieu) *auf der Autobahn.*

____

c) *Sie waren sehr schockiert über die Situation.*

____

d) *Er zog seinen Mantel an und ging heraus.*

____

e) *Ich bekam einen Brief von meinem Anwalt.*

____

f) *Sie erkannte zuerst ihren Bruder.*

____

Futur composé

135 ★ Ergänzen Sie die Lücken mit den richtigen Formen des Futur composé.

a) Cet après-midi, je ________________ les courses avec ma mère. (faire)

b) Vous ________________ à quelle heure ? (revenir)

c) Il ________________ son baccalauréat en juin. (passer)

d) Tu ________________ dans un laboratoire médical ? (travailler)

e) Elles ________________ à la piscine couverte avec leurs amies. (aller)

f) En Russie, nous ________________ des difficultés à comprendre l'écriture cyrillique. (avoir)

Die Bildung der Formen des Futur composé ähnelt der Zukunft im Deutschen:

aller im Präsens + Infinitiv des Verbs: **Je vais faire la vaisselle.** (*Ich werde spülen.*).

Es drückt die nahe Vergangenheit aus und wird hauptsächlich in der gesprochenen Sprache verwendet.

136 ★ Setzen Sie die Verben im Präsens ins Futur composé.

a) je prends ________________

b) nous téléphonons ________________

c) Sylvie appelle ________________

d) vous savez ________________

e) il fait du sport ________________

f) tu entends ________________

Futur I

137 ★

Ergänzen Sie die Tabelle mit den richtigen Endungen.

	a) regarder	b) finir	c) attendre
je	regarde______	fini______	attend______
tu	regarde______	fini______	attend______
il/elle	regarde______	fini______	attend______
nous	regarde______	fini______	attend______
vous	regarde______	fini______	attend______
ils/elles	regarde______	fini______	attend______

Die Endungen sind leicht zu merken, sie entsprechen den Formen von **avoir** im Präsens mit einem **-r** davor, außer bei **nous** und **vous**:

travailler – *arbeiten* → **travaille + r + -ai, -as, -a, -ons, -ez, -ont**

138 ★★

Ergänzen Sie die Sätze anhand der Fotos mit dem richtigen Verb im Futur I.

a) Je ______________ un gros livre.

b) Elle ______________ un contrôle d'histoire. (passer)

c) Elle ______________ par la fenêtre.

d) Tu ______________ à l'hôpital.

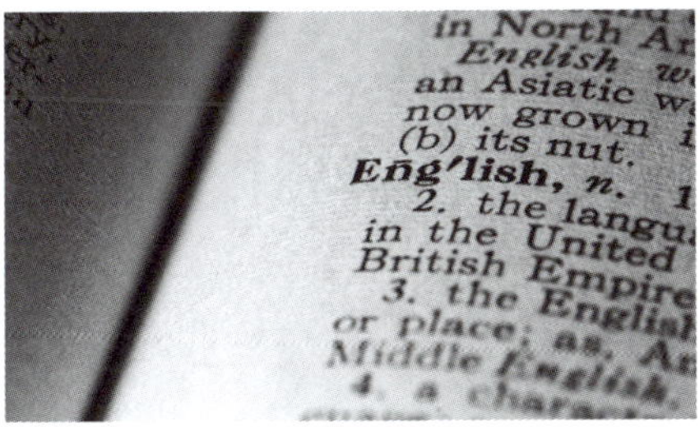

e) Elle ______________ le mot « English ».

f) Elle ______________ les assiettes.

139 ★★

Setzen Sie die Sätze in den Plural.

a) Je dormirai dans une toile de tente.

Nous ______________________________

b) Viendras-tu manger avec nous au restaurant ?

____

c) Il se plaira beaucoup dans la région.

____

140 ★★

Ordnen Sie die unregelmäßigen Zukunftsformen ihrem jeweiligen Infinitiv zu.

a) aller	___	A il mourra
b) savoir	___	B il faudra
c) voir	___	C il pleuvra
d) devoir	___	D j'aurai
e) avoir	___	E tu iras
f) être	___	F nous verrons
g) mourir	___	G ils sauront
h) faire	___	H vous serez
i) falloir	___	I ils feront
j) pleuvoir	___	J tu devras

141 ★★★

Ergänzen Sie die Sätze mit den richtigen Verbformen im Futur I.

peindre • voir • vouloir • devoir • pouvoir • recevoir • venir • éteindre • tenir

a) Nous ____________ les murs de notre maison en beige.

b) Tu ____________ un paquet par la poste.

c) Vous ____________ marcher à pied, les chauffeurs de bus sont en grève.

d) Je ne ____________ malheureusement pas venir à votre anniversaire, j'ai une grippe intestinale.

e) Qu'est-ce que tu ____________ comme dessert ?

f) Vous ____________ la lumière, s'il vous plaît.

g) Ils ne ________________ pas, ils sont en voyage de noces aux Canaries.

h) Vous la ________________ sûrement, elle arrive par le même avion que vous !

i) Cette étagère ne ________________ pas, elle est beaucoup trop lourde !

142 ★★★

Übersetzen Sie die Sätze ins Französische und benutzen Sie dabei das Futur I.

a) *Nachher kaufe ich mir ein Eis.*

____

b) *Später kommt mein Bruder.*

____

c) *Ich hoffe, die Sonne scheint heute Nachmittag.*

____

d) *Mit etwas Glück gewinne ich bestimmt.*

____

e) *Später gehen wir ins Kino.*

____

Im Deutschen wird die Zukunft oft auch durch das Präsens ausgedrückt. Im Französischen muss man für alle künftigen Ereignisse zwischen Futur composé oder Futur I wählen. Man erkennt das oft an kleinen Wörtern wie **plus tard** *(später)*, **après** *(danach)*, **ce soir** *(heute Abend)* oder an Verben wie **espérer** *(hoffen)*:

Je dormirai plus tard. – *Ich schlafe später/werde später schlafen.*

Futur II

143 ★ Wählen Sie die richtige Form des Futur II.

a) Il est huit heures. À midi, j'**ai préparé/avais préparé/aurai préparé** le repas.

b) Dans une heure, ils **auront fini/aura fini/avait fini** leur match de foot.

c) Lundi prochain à cette heure-ci, notre stage **étaient terminées/sera terminé/seront terminés**.

d) Quand tu **avais déjeuné/as déjeuné/auras déjeuné**, tu feras la vaisselle et tu l'essuieras.

e) Demain, je me reposerai quand j'**ai terminé/avais terminé/aurai terminé** mon exposé.

f) Tu pourras aller jouer dehors avec tes amis quand tu as **fini/auras fini/aurais fini** tes devoirs.

144 ★★ Verbinden Sie die passenden Satzteile.

a) Quand il aura fêté ses dix-huit ans,	___	**A** quand je serai complètement guérie.
b) Quand j'aurai gagné au loto,	___	**B** son avion aura déjà pris son envol pour New York.
c) Je ferai les vitres de la cuisine	___	**C** je m'achèterai un yacht et une porsche.
d) J'arrêterai de prendre mes médicaments	___	**D** quand j'aurai fini de passer l'aspirateur.
e) Vers vingt-et-une heure trente,	___	**E** il passera son permis de conduire.

Die Partizipien

145 ★ Ergänzen Sie die Lücken mit der richtigen Form des **Participe présent**.

a) parler *parlant* ______ **b)** attendre ______

c) finir ______ **d)** regarder ______

e) aller ______ **f)** choisir ______

g) vouloir ______ **h)** avoir ______

i) être ______ **j)** savoir ______

k) faire ______ **l)** prendre ______

146 ★ Ergänzen Sie die Sätze mit den richtigen Formen des **Participe passé**.

a) J'ai *travaillé* ______ deux ans dans cette entreprise. (travailler)

b) Vous avez ______ une entrée ? (choisir)

c) Ils ont ______ dans une toile de tente. (dormir)

d) J'espère que tu n'as pas ______ trop longtemps. (attendre)

e) Les filles sont ______ tard hier soir. (rentrer)

f) Je vous ai ______ le dernier modèle. (vendre)

g) Nous avons ______ tout le travail en une journée. (accomplir)

h) Tu as ______ ton exercice ? (finir)

i) Ils sont ______ pour deux semaines au Canada. (partir)

Alle Verben auf -**er**	Partizipendung -**é**	**parler** *(sprechen)*	→ **parlé**
Alle Verben auf -**ir**	Partizipendung -**i**	**finir** *(beenden)*	→ **fini**
Viele Verben auf -**re**	Partizipendung -**u**	**entendre** *(hören)*	→ **entendu**

147 ★★

Kreuzen Sie die richtige Form des Verbs an.

a) J'ai ______________ de la chance de trouver un emploi aussi vite.

☐ **A** été ☐ **B** eu ☐ **C** su

b) C'est toi qui as ______________ la porte ?

☐ **A** ouvert ☐ **B** fermée ☐ **C** offert

c) Elle a ______________ rater son train, elle n'est jamais en retard d'habitude.

☐ **A** pu ☐ **B** vu ☐ **C** dû

d) Avez-vous ______________ votre parapluie ? Il pleut dehors.

☐ **A** mis ☐ **B** pris ☐ **C** dit

e) Philippe a ______________ malade pendant une semaine.

☐ **A** été ☐ **B** eu ☐ **C** lu

f) Je n'ai pas ______________ jardiner parce qu'il a plu toute la journée.

☐ **A** pu ☐ **B** venu ☐ **C** plu

148 ★★

Ergänzen Sie die Formen des **Participe passé**.

a) boire ______________

b) connaître ______________

c) craindre ______________

d) écrire ______________

e) faire ______________

f) falloir ______________

g) mourir ______________

149 ★★★

Setzen Sie die passenden Formen des **Participe passé** der folgenden Verben.

lire • pleuvoir • plaire • falloir • vivre • voir • prendre

a) Pendant nos vacances, il a ______________ tous les jours, horrible !

b) Il y avait des bouchons sur l'autoroute, il a ______________ prendre la nationale.

c) En cours, nous avons ______________ un roman de Victor Hugo.

d) Le concert ne m'a pas ______________ du tout !

e) Ils ont ______________ pendant deux ans au Portugal.

f) Tu as ______________ du dessert ?

g) Sophie, je ne l'ai pas ______________ depuis longtemps.

!

Vergessen Sie nicht, dass das Participe passé mit **avoir** normalerweise unveränderlich ist, sich aber nach dem vorangestellten direkten Objekt in Geschlecht und Zahl richtet:

Ils les ont acheté(e)s. – *Sie haben sie gekauft.*

150 ★★★

Übersetzen Sie die Sätze ins Französische und achten Sie dabei auf das Partizip.

a) *Ich habe ihm nicht geglaubt.*

____

b) *Sie sind ihr gefolgt.*

____

c) *Sie ist an einer schlimmen Krankheit gestorben.*

____

Das Konditional

151 ★

Ergänzen Sie die drei Verben mit den richtigen Endungen des Konditional I.

	a) donner	b) écrire	c) rendre
je/j'	donne______	écri______	rend______
tu	donne*rais*	écri______	rend______
il/elle	donne______	écri______	rend______
nous	donne______	écri______	rend______
vous	donne______	écri______	rend*riez*
ils/elles	donne______	écri*raient*	rend______

Die Verbstämme im Konditional I sind die gleichen wie in Futur I, nur die Endungen sind anders. Auch die Ausnahmen sind gleich, zum Beispiel:

avoir → **j'aurais** – *ich hätte*   **être** → **je serais** – *ich wäre.*

152 ★

Ordnen Sie die **Pronomen** den passenden Satzenden zu.

a) Je ____ A pourrais te dépêcher ?

b) Est-ce que tu ____ B voudrais m'acheter une voiture.

c) Il ____ C aimeriez du vin ?

d) Nous ____ D aurait tort de ne pas venir !

e) Vous ____ E mourraient de peur ici !

f) Elles ____ F serions les premiers à réussir…

153 ★★

Ergänzen Sie die Sätze mit den richtigen Formen der Verben in Klammern im **Konditional I**.

a) À ta place, je ______________ de voiture. (changer)

b) Il ______________ beaucoup avoir des animaux domestiques. (aimer)

c) Est-ce que vous ______________ m'aider ? (pouvoir)

d) Nous ______________ partir en vacances ensemble. (adorer)

e) Que ______________-vous de faire une partie de badminton ? (dire)

f) La ville ______________ à 100 kilomètres d'ici. (être)

g) Si j'étais riche, je ne ______________ plus. (travailler)

h) Je ______________ deux kilos de pommes, s'il vous plaît. (vouloir)

i) S'il travaillait moins, il ______________ plus de temps. (avoir)

154 ★★

Kreisen Sie jeweils die richtige Form im **Konditional I** ein.

a) Nous **pourrions/pouvons/pourrons** aller en ville.

b) Je **veux/voudrai/voudrais** bien jouer du piano.

c) Ils **seraient/seront/furent** là pour huit jours, m'a dit la voisine.

d) Qu'est-ce que vous **direz/diriez/disiez** ?

e) Tu **fais/feras/ferais** des belles photos ici, regarde !

f) Ne faites-pas de bruit, l'enfant **put/pouvait/pourrait** se réveiller.

g) Elle **aimait/aimerait/aimera** avoir des enfants.

h) Il **devra/devrait/devrais** arriver dans quelques minutes.

155 ★★

Setzen Sie die Verben im **Konditional I** ins **Konditional II** wie im Beispiel.

a) je ferais
j'aurais fait

b) tu irais
____

c) nous prendrions
____

d) ils auraient
____

e) vous seriez
____

f) on voudrait
____

g) ils pourraient
____

h) tu saurais
____

i) tu devras
____

j) il verra
____

k) nous aurons
____

l) tu seras
____

156 ★★

Verbinden Sie die passenden Satzteile.

a) Le ministre de l'Intérieur ___ **A** t'habiller plus chaudement !
b) Deux criminels ___ **B** aurait démissionné.
c) Tu aurais dû ___ **C** tu aurais eu ton bac !
d) Nous aurions aimé ___ **D** auraient tué un étranger.
e) Si tu avais fait des efforts, ___ **E** venir chez vous demain.
f) S'il avait fait plus beau, ___ **F** je me serais baignée.

157 ★★★

Ergänzen Sie die Lücken mit den richtigen Verben im **Konditional I** oder **II**.

aimer ▪ prendre ▪ pouvoir ▪ devoir ▪ rentrer

a) Je ________________ bien un petit café !

b) Il ________________ faire un grand voyage.

c) Il ________________ déjà ________________ hier de New-York.

d) ________________-vous me donner un renseignement, s'il vous plaît ?

e) Normalement, l'avion ________________ décoller il y a plus d'une heure, mais il est toujours là.

158 ★★★

Übersetzen Sie die Sätze ins Französische.

a) *Wohin möchten Sie gehen?*

____

b) *Ich hätte gerne mehr Urlaub.*

____

c) *Könntest du bitte lauter sprechen?*

____

d) *Du hättest ihn sehen sollen!*

____

e) *Wir hätten das Spiel gewinnen können.*

____

Das Gerundium

159 ★

Kreuzen Sie die jeweils richtige Antwort an.

	Vrai	Faux
a) Das Gerundium wird mit dem Participe passé gebildet.	☐	☐
b) Das Gerundium wird mit dem Participe présent gebildet.	☐	☐
c) Es kann die Ursache, den Gegensatz, die Art und die Simultaneität ausdrücken.	☐	☐
d) Für das Gerundium braucht man das Wörtchen **y**.	☐	☐
e) Für das Gerundium braucht man das Wörtchen **en**.	☐	☐

160 ★★

Verbinden Sie die zusammengehörenden Satzteile.

a) En entendant les témoins,	____	**A** en jouant au casino.
b) L'inspecteur a trouvé une photo	____	**B** je regarderai la télé.
c) Il perdait tout son argent	____	**C** la police pourra établir une liste des suspects.
d) Elle regardait les vieilles photos	____	**D** en fouillant dans le sac de la victime.
e) En attendant ton retour,	____	**E** en pleurant.
f) Le voleur est parti	____	**F** j'ai réfléchi à notre conversation d'hier soir.
g) En faisant mon jogging ce matin,	____	**G** en courant.

Der Imperativ

161 ★★

Ergänzen Sie die Lücken mit den richtigen Endungen der Verben im Imperativ.

	du-Form	**wir**-Form	**ihr/Sie**-Form
a) chanter		*chantons*	
b) choisir			*choisissez*
c) faire	*fais*		
d) attendre		*attendons*	
e) dormir			*dormez*

162 ★★

Wählen Sie die richtige Form des **Imperativs.**

a) Ne **bois/buvez/buvons** pas d'alcool quand vous conduisez.

b) **Prends/Prenons/Prenez** l'autoroute, nous irons plus vite.

c) **Fais/Faites/Faisons** attention où vous mettez vos pieds !

d) **Sache/Sachons/Sachez** que je ne me mets pas en colère facilement, mais cette fois-ci tu m'énerves vraiment !

e) Ne **va/allons/allez** pas par là, c'est beaucoup trop dangereux !

f) **Soyons/Soyez/Sois** gentil avec ton petit frère !

g) **Dis/Dites/Disons** la vérité à ta mère !

h) Pierre, Jean, **éteignons/éteins/éteignez** la télé !

i) Ne **parle/parlons/parlez** pas si fort quand vous êtes dans la bibliothèque !

163 ★★

Ergänzen Sie die Sätze mit der richtigen Form des **Imperativs**.

a) N'____________ pas peur ! (avoir, *du-Form*)

b) ____________ que cela ne m'intéresse pas du tout ! (savoir, *ihr-Form*)

c) ____________ prudents, la route est glissante. (être, *wir-Form*)

d) Ne ____________ pas triste, tu gagneras la prochaine fois ! (être, *du-Form*)

e) N'____________ aucune crainte, je suis avec vous ! (avoir, *Sie-Form*)

f) ____________ gentils avec le bébé ! (être, *ihr-Form*)

164 ★★★

Übersetzen Sie die Sätze ins Französische.

a) *Pass auf!*

____

b) *Seien Sie vorsichtig!*

____

c) *Nehmen Sie die erste Straße rechts.*

____

d) *Gehen wir los!*

____

!

Geh! wird nicht nur mit dem Verb **aller** übersetzt, sondern man benötigt zusätzlich das kleine Wort **y**. Im Singular wird noch ein **-s** an das Verb gehängt, damit die Aussprache leichter fällt:

Vas-y ! – *Geh!*

Allons-y ! – *Gehen wir/Es geht los!*

Das Subjonctif

165 ★

Ergänzen Sie die Lücken mit den richtigen Formen der Verben im Subjonctif.

Il faut que/qu'...

a) je ______ (travailler)
b) tu ______ (partir)
c) nous ______ (venir)
d) vous ______ (finir)
e) il ______ (parler)
f) on ______ (acheter)
g) tu ______ (payer)
h) je ______ (nettoyer)
i) vous ______ (mettre)
j) nous ______ (écrire)
k) il ______ (balayer)
l) elle ______ (dire)
m) ils ______ (choisir)
n) vous ______ (regarder)

166 ★★

Verbinden Sie die Infinitive mit der entsprechenden unregelmäßigen Form des **Subjonctif**.

a) aller	___	A que tu sois
b) être	___	B qu'il fasse
c) avoir	___	C que vous veuillez
d) faire	___	D que j'aille
e) pouvoir	___	E qu'il pleuve
f) vouloir	___	F que nous ayons
g) savoir	___	G qu'il faille
h) pleuvoir	___	H que nous sachions
i) falloir	___	I qu'elles puissent

167 ★★

Ergänzen Sie die Sätze mit der richtigen Form des in Klammern angegebenen Verbs.

a) Je veux que tu ________ tes devoirs tout de suite ! (faire)

b) Il ordonne que les soldats se ________ en rangs. (mettre)

c) Je souhaite que vous ________ ce formulaire. (remplir)

d) Elle refuse que nous lui ________ visite à l'hôpital. (rendre)

e) Pour cette fois, j'accepte que vous ________ en retard. (être)

f) Ils regrettent que leur chef ne ________ pas participer à la réunion. (pouvoir)

168 ★★

Kreuzen Sie die richtige Form des Verbs an.

a) Il est important que vous ________ votre travail.

☐ A fassiez ☐ B fûtes ☐ C faites

b) Je suis vraiment désolée que vous ne ________ pas venir.

☐ A pouvez ☐ B pensiez ☐ C puissiez

c) Je trouve bizarre qu'il n'________ pas !

☐ A appelait ☐ B appelle ☐ C appela

d) Il est content que nous lui ________ aussi souvent.

☐ A écrivons ☐ B écrivions ☐ C écrivaient

e) Il est temps que tu ________ !

☐ A viens ☐ B viennes ☐ C vienne

f) Je suis surprise qu'il n'________ pas au spectacle.

☐ A assistera ☐ B assistes ☐ C assiste

169 ★★★

Sortieren Sie die **Konjunktionen** in die richtige Tabellenspalte.

avant que • parce que • bien que • pour que • sans que • après que • jusqu'à ce que • puisque • vu que • pendant que

a) + Indikativ	**b)** + Subjonctif

Präpositionen der Begründung, der Konsequenz, der Gleichzeitigkeit/Nachzeitigkeit, der Art und Weise mit Indikativ:

Nous partirons dès qu'il sera là. – *Wir fahren, sobald er da ist.*

Präpositionen des Ziels, der Vorzeitigkeit, des Widerspruchs mit Subjonctif:

Nous irons au cinéma à moins qu'il n'y ait pas de bon film. – *Wir werden ins Kino gehen, es sei denn, es gibt keinen guten Film.*

170 ★★★

Ergänzen Sie die Lücken mit den Formen des **Subjonctif passé** wie im Beispiel.

a) que j' *aie fait* (faire)
b) que tu ________ (aller)
c) que nous ________ (être)
d) que vous ________ (avoir)
e) qu'il ________ (partir)
f) qu'elles ________ (voir)
g) que je ________ (venir)
h) qu'elle ________ (réussir)
i) que nous ________ (prendre)
j) que vous ________ (monter)
k) que tu ________ (arriver)
l) que j' ________ (dire)

Formen

171 ★

Ordnen Sie die Adverbien der richtigen Tabellenspalte zu.

assez • bien • beaucoup • ensemble • moins • peu • plus • mal • trop • vite • mieux

a) Adverbien der Menge	**b)** Adverbien der Art und Weise

172 ★★

Ergänzen Sie die Lücken mit den richtigen **Zeitadverbien**. Kreuzen Sie an.

a) ____________, j'arrête de fumer. *(heute)*

☐ **A** Hier ☐ **B** Aujourd'hui ☐ **C** Demain

b) Je te téléphonerai ____________ matin. *(morgen)*

☐ **A** hier ☐ **B** demain ☐ **C** aujourd'hui

c) Tu aurais pu me le dire ____________ ! *(vorher)*

☐ **A** avant ☐ **B** toujours ☐ **C** maintenant

d) Je l'ai vue ____________, elle est passée me voir. *(gestern)*

☐ **A** hier ☐ **B** aujourd'hui ☐ **C** demain

e) Je trouve qu'elle est ______________ malade. *(oft)*

☐ **A** parfois ☐ **B** maintenant ☐ **C** souvent

f) Tu te lèves ______________ à huit heures ? *(immer)*

☐ **A** souvent ☐ **B** jamais ☐ **C** toujours

g) Le bus n'est pas ______________ passé. *(noch)*

☐ **A** jamais ☐ **B** toujours ☐ **C** encore

h) Cela fait ______________ qu'il est divorcé. *(lange)*

☐ **A** tôt ☐ **B** longtemps ☐ **C** tard

173 ★★

Ergänzen Sie die Lücken mit der richtigen Form des Adverbs wie im Beispiel.

a) Elle m'a parlé très *froidement*. (froid)

b) La mairie m'a répondu très ______________. (rapide)

c) Parlons ______________. (sérieux)

d) Il n'y avait ______________ pas de circulation sur l'A6. (pratique)

e) ______________, ils ont grimpé en haut de la montagne. (pénible)

f) Je suis ______________ désolée de vous décevoir… (terrible)

g) Parlez-moi ______________ ! (franc)

h) Nous avons ______________ assez d'argent pour payer le voyage ! (grand)

Adverbien, die von einem Adjektiv abgeleitet werden, nennt man abgeleitete Adverbien. Diese bildet man, indem man die Endung **-ment** an die weibliche Form des Adjektivs anhängt: **fort** → **forte** → **fortement** ***(stark)***.

174

★★

Ergänzen Sie die Tabelle mit der jeweils männlichen und weiblichen Form der **Adjektive**, aus denen die Adverbien stammen.

Adverb	Adjektiv männlich	Adjektiv weiblich
a) gaiement		
b) joliment		
c) nouvellement		
d) vraiment		
e) absolument		
f) follement		
g) mollement		

175

★★★

Übersetzen Sie die Sätze ins Französische, das Adjektiv in Klammern gibt an, welches Adverb Sie verwenden sollen.

a) *Kürzlich habe ich ein Buch von Anna Gavalda gelesen.* (récent)

____

b) *Scheinbar ist er krank.* (apparent)

____

c) *Sie zieht sich immer sehr elegant an.* (élégant)

____

d) *Fahren Sie vorsichtig.* (prudent)

____

e) *Er hat es nicht böse gesagt.* (méchant)

---

f) *Ich spreche fließend Englisch.* (courant)

---

176 ★★★

Wandeln Sie die Sätze um, indem Sie die fett markierten Redewendungen durch ein **Adverb** wie im Beispiel ersetzen.

a) Son travail est très **précis**.

Il travaille très précisément.

b) Elle me parle **avec gentillesse.**

Elle

c) Racontez-moi l'histoire **en bref.**

Racontez-moi

d) Sa cuisine est **bonne**.

Elle

e) Le travail de Simon est **mauvais**.

Simon

!

Viele deutsche Adverbien haben die gleiche Form wie die Adjektive. Im Französischen ist es aber wichtig, beide zu unterscheiden:

Le repas est bon. – *Das Essen ist gut.*
Il parle bien l'italien. – *Er spricht gut Italienisch.*

Stellung

177 ★

Verbinden Sie die Satzteile so, dass sie einen Sinn ergeben.

a) Demain,	___	**A**	il a fait plus chaud qu'hier.
b) Avant-hier,	___	**B**	toujours très bavard.
c) Je ne bois	___	**C**	je m'achèterai un sac.
d) Il est	___	**D**	gentiment.
e) Elle me regarde	___	**E**	jamais d'alcool.
f) Malheureusement,	___	**F**	il a raté son examen.
g) Il comprend	___	**G**	mal l'allemand.

178 ★★

Bringen Sie die Sätze in die richtige Reihenfolge, manchmal gibt es mehrere Möglichkeiten.

a) aujourd'hui | beau | il | fait

____

oder ______________________________

b) il | la | télé | souvent | regarde

____

c) je | arrivé | tôt | suis

____

d) elle | jamais | ne | rit

____

179 ★★★

Übersetzen Sie die Sätze ins Französische.

a) *Sie sind zusammen gekommen.*

____

b) *Er ist heute früh aufgestanden.*

____

c) *Das Flugzeug wird spät landen.*

____

d) *Der Zug fährt bald ab.*

____

180 ★★★

Setzen Sie die richtigen **Adverbien** ein.

hier • encore • bientôt • malheureusement • silencieusement • toujours • jamais • rapidement • heureusement • évidemment

______________ **(a)**, Pierre n'est pas ______________ **(b)** revenu de ses vacances. J'espère qu'il va ______________ **(c)** revenir car nous avons de mauvaises nouvelles pour lui. Les pompiers sont venus sonner chez nous ______________ **(d)** pour nous dire que son appartement avait été cambriolé. Comme il n'a ______________ **(e)** répondu au téléphone quand ils l'ont appelé, il ne le sait ______________ **(f)** pas. Nous, les voisins, n'avons rien entendu ! Les voleurs ont travaillé ______________ **(g)**. ______________ **(h)**, ils ont entendu du bruit dans l'escalier et ont pris la fuite ______________ **(i)** ! Ils ont emporté la télévision et l'ordinateur. ______________ **(j)**, Pierre va être choqué quand il va rentrer !

Steigerung

181 ★

Ergänzen Sie die Tabelle mit den richtigen **gesteigerten Formen der Adverbien** wie im Beispiel.

Adverb	Komparativ	Superlativ
a) vite	*plus vite que* *moins vite que* *aussi vite que*	*le plus vite*
b) souvent		
c) mal		

182 ★★

Verbinden Sie die zusammengehörenden Aussagen.

a) La robe te va bien. ___
b) Ce pantalon me plaît beaucoup. ___
c) Je travaille peu. ___

A Mais il travaille encore moins que moi.
B Mais la jupe te va encore mieux.
C Mais celui-ci me plaît encore plus.

Der Aussage- und Fragesatz

183 ★ Bringen Sie diese Aussagesätze in die richtige Reihenfolge.

a) un | livre | achète | Lucas

____

b) Je | steak | commande | un | restaurant | au

____

c) Il | fruits | marché | au | vend | des

____

d) à | nos | Nous | cadeau | amis | un | faisons

____

184 ★ Verbinden Sie die passenden Fragen und Antworten.

a) Est-ce que tu vas bien ? ___ A Oui, hier, au café.

b) Vous venez dimanche ? ___ B Oui, hier matin en avion.

c) Il est arrivé hier ? ___ C Non, malheureusement, nous avons un empêchement.

d) Est-ce que vous l'avez vu ? ___ D Non, je suis très enrhumé.

- Intonationsfrage: Subjekt + Verb + Objekt + ?
- Frage mit **est-ce que: Est-ce que** + Subjekt + Verb + Objekt + ?

Il vient demain ? = Est-ce qu'il vient demain ? – *Kommt er morgen?*

185 ★★

Rahmen Sie zuerst die acht waagerecht und senkrecht versteckten **Fragewörter** ein, listen Sie sie dann auf.

Z	Q	U	E	T	Q	C	P
G	U	S	T	Q	U	O	Ù
A	I	Ù	N	U	A	A	O
C	O	M	M	E	N	T	N
O	N	T	T	L	D	E	Z
C	O	M	B	I	E	N	X
P	O	U	R	Q	U	O	I
C	A	R	D	J	R	O	S

a) waagerecht:

______

______

______

b) senkrecht:

______

______

______

186 ★★

Kreuzen Sie die einzig mögliche Frage an.

a) Je travaille à Paris.

☐ **A** Tu travailles quand ?

☐ **B** Tu travailles où ?

☐ **C** Tu travailles pour qui ?

b) Il parle de son travail.

☐ **A** Il parle à qui ?

☐ **B** Il parle de quoi ?

☐ **C** Est-ce qu'il parle ?

c) Le livre coûte 10 euros.

☐ **A** Pourquoi tu achètes le livre ?

☐ **B** Combien il coûte ?

☐ **C** Tu as un livre ?

d) Demain, il part en voyage.

☐ **A** D'où est-ce qu'il vient ?

☐ **B** Où est-ce qu'elle est demain ?

☐ **C** Qu'est-ce qu'il fait demain ?

187 ★★

Fragen Sie nach dem markierten Satzteil und verwenden Sie dafür Fragewörter mit **est-ce que**.

a) Ses parents sont allés au théâtre <u>hier soir</u>.

---

b) Ses parents sont allés <u>au théâtre</u> hier soir.

---

c) <u>Ses parents</u> sont allés au théâtre hier soir.

---

d) Elle a offert <u>des fleurs</u> à sa mère.

---

e) Elle a offert des fleurs <u>à sa mère</u>.

---

188 ★★★

Übersetzen Sie die Sätze ins Französische, verwenden Sie dabei **est-ce que**.

a) *Wen siehst du?*

---

b) *An wen denkst du?*

---

c) *Von wem redest du?*

---

d) *Für wen arbeitest du?*

---

189 ★★★

Verbinden Sie die Aussagen mit den entsprechenden Fragen.

a) Je prends un café. ___ **A** À quoi pense-t-il ?

b) Il pense à ses problèmes. ___ **B** De quoi rêve-t-elle ?

c) Je rêve d'une grande maison. ___ **C** Avec quoi nettoie-t-elle son linge ?

d) Elle lave le linge avec de la lessive. ___ **D** Qu'est-ce qu'il commande ?

e) La conférence est sur la pollution. ___ **E** Sur quoi est la conférence ?

190 ★★★

Stellen Sie die passende Frage zum ersten Satz und ergänzen Sie dabei die Lücken wie im Beispiel.

a) Il parle de ses vacances. – De quoi parle-*t-il* ?

b) Monsieur Schneider connaît bien l'Italie. – Monsieur Schneider connaît__________ bien l'Italie ?

c) Elles vont à l'église tous les dimanches. – Vont__________ à l'église ?

d) Il aura bientôt finir ses études. – Aura__________ bientôt finir ses études ?

e) Il va bien. – Et lui, comment va__________ ?

f) Il est midi. – Quelle heure est__________ ?

g) Anne habite dans un très grand appartement. – Où Anne habite__________ ?

!

Bei der Inversionsfrage steht das Subjektpronomen hinter dem Verb. Zwischen Verb und Subjekt wird ein Bindestrich eingefügt. In der 3. Person Singular bei **il, elle** oder **on** tritt zwischen Verb und Subjektpronomen ein **-t-**, wenn die Verbform auf **-e** oder **-a** endet:

Où va-t-on en cas d'urgences ? – *Wo geht man bei Notfällen hin?*

Der Relativsatz

191 ★

Ergänzen Sie die Lücken mit dem richtigen Relativpronomen **qui** oder **que/qu'**.

a) Le pays ______________ me plaît le mieux, c'est l'Italie.

b) L'Italie, c'est le pays ______________ je préfère.

c) Le livre ______________ je me suis acheté hier n'est pas intéressant du tout.

d) Mon ami m'a parlé d'une offre d'emploi ______________ est très bien payée.

e) C'est une marque de vêtements ______________ j'achète souvent.

f) Celui ______________ arrivera le premier gagnera la médaille.

g) Une chose ______________ je n'aime pas du tout, c'est la violence.

h) L'homme ______________ est là-bas, c'est mon cousin.

192 ★★

Kreuzen das einzig mögliche **Relativpronomen** an.

a) ______________ me gêne le plus, c'est le bruit.

☐ A Qui ☐ B Ce qui ☐ C Ce que

b) Tu peux faire ______________ tu veux.

☐ A qui ☐ B ce qui ☐ C ce que

c) Les enfants font toujours ______________ leur plaît.

☐ A ce qui ☐ B qui ☐ C ce que

d) Ce n'est pas ______________ j'ai dit.

☐ A ce qui ☐ B que ☐ C ce que

e) Je sais ______________ tu penses, mais tu as tort.

☐ A ce qui ☐ B que ☐ C ce que

193 ★★

Verbinden Sie die Sätze mithilfe von **dont** wie im Beispiel.

a) Régis est très sympathique. Son père est chef d'entreprise.

Régis dont le père est chef d'entreprise est très sympathique.

b) C'est Yann. Nous sommes très fiers de lui.

____

c) Le film est génial. Je t'ai parlé du film.

____

d) Prends mes chaussures de ski. Je ne me sers plus de mes chaussures de ski.

____

e) C'était une camarade de classe. Je me souviens très bien d'elle.

____

194 ★★

Markieren Sie das korrekte **Relativpronomen**.

a) C'était un mois pendant **lequel/lesquels/laquelle** nous sortions peu.

b) Ce sont des choses avec **lesquels/laquelle/lesquelles** on ne plaisante pas.

c) Voilà la raison pour **lequel/laquelle/lesquelles** nous n'avons pas pu participer aux festivités.

d) C'est un sujet sur **lequel/laquelle/lesquels** j'aimerais insister.

e) Ce sont les papiers parmi **lequel/laquelle/lesquels** vous pouvez chercher.

f) Le prix **auquel/à laquelle/duquel** vous pensez est beaucoup trop élevé !

g) L'équipe contre **lequel/laquelle/lesquels** ils ont joué était très forte.

195 ★★★

Übersetzen Sie die Sätze ins Französische.

a) *Das Dorf, in dem ich wohne, heißt Château-Thébaud.*

____

b) *Das Land, in dem ich wohnen möchte, ist England.*

____

c) *Er weiß nicht, wo seine Brille ist.*

____

!

Verwechseln Sie nicht das Relativpronomen **où** ***(wo)*** mit der Konjunktion **ou** ***(oder)***! Die beiden unterscheiden sich nur durch den Akzent **(accent grave)** auf dem **u**. Mit dem Merksatz können Sie sich das leicht einprägen: Auf der ODER schwimmt kein GRAF!

196 ★★★

Setzen Sie die passenden **Relativpronomen** ein.

a) Il connaît quelqu'un ______________ peut nous aider.

b) C'est un sujet ______________ je pense souvent.

c) Le livre ______________ vous m'avez parlé m'a beaucoup intéressée.

d) Le bus ______________ je prends est toujours en retard.

e) L'endroit ______________ il habite est complètement perdu dans la campagne.

f) C'est pour cette raison ______________ elle a déménagé.

g) C'est la seule personne ______________ je n'ai pas le numéro de téléphone.

h) La dame avec ______________ j'ai voyagé était très gentille.

i) ______________ me dérange dans cette maison, c'est le manque de clarté.

Der Bedingungssatz

197 ★ Ergänzen Sie die Sätze mit **si/s'** oder **quand**.

a) ________ tu veux venir me voir, pas de problème !

b) ________ je me lève le matin, je prends une douche.

c) Vous allez vous baigner ________ vous êtes à la plage ?

d) Je passerai à la banque ________ j'ai le temps.

e) ________ il est d'accord, nous irons ensemble au cabaret.

!

Das können Sie sich merken:

Si drückt eine Bedingung aus = *falls, wenn.*
Quand drückt eine zeitliche Angabe aus = *(jedesmal) wenn, sobald.*

198 ★ Verbinden Sie die zusammengehörenden Satzteile.

a) Si tu viens chez moi,	___	**A** je prendrai le train.
b) Si tu as fini tes devoirs,	___	**B** nous discuterons.
c) S'il ne pleut pas,	___	**C** vous pourrez jouer dehors.
d) Si je gagne au loto,	___	**D** si nous n'acceptons pas.
e) Il sera mécontent	___	**E** si vous n'y voyez pas d'inconvénients.
f) J'appelle mon avocat,	___	**F** je m'achèterai une voiture de sport.
g) Si c'est moins cher,	___	**G** tu peux regarder la télé.

199 ★★

Ergänzen Sie die Lücken mit den richtigen Formen des in Klammern angegebenen Verbs.

a) Si je gagnais au loto, je m'__________ une moto et une grande maison. (acheter)

b) S'il faisait beau plus souvent, nous __________ plus. (sortir)

c) Je ne t'en __________ pas si tu ne pouvais pas venir. (vouloir)

d) Si Ludovic apprenait plus régulièrement ses leçons d'histoire, il __________ de meilleures notes. (avoir)

e) Si tu ne me parlais pas sans arrêt, je __________ enfin me concentrer sur ce que je fais. (pouvoir)

f) S'il faisait plus d'efforts, il __________ ses études. (réussir)

g) Je le __________ vraiment si vous deviez partir aussi vite. (regretter)

!

Im Gegensatz zum Deutschen steht in einem **si**-Satz nie das Futur oder das Konditional:

Si je le savais, je te le dirais. – *Wenn ich es wüsste, würde ich es dir sagen.*

200 ★★

Bilden Sie Sätze nach dem Beispiel und achten Sie auf die Zeit hinter **si**.

a) avoir de l'argent	*Si seulement j'avais de l'argent !*
b) travailler moins	__________
c) vivre au soleil	__________
d) avoir plus d'amis	__________
e) être en bonne santé	__________

201 ★★★

Ergänzen Sie die Lücken der Bedingungssätze in der Vergangenheit mit den richtigen Formen der angegeben Verben wie im Beispiel.

avoir • être • prendre • faire • aller

a) Si tu *avais eu* ________ de l'argent, tu *aurais fait* ________ le tour du monde.

b) S'il n'________ pas ________ malade, il ________ l'avion pour Sidney hier matin.

c) S'il n'y ________ pas ________ la grève des trains, j'________ le voyage Nantes-Paris en deux heures.

d) Si Isabelle ________ à l'université, sa mère ________ fière d'elle.

202 ★★★

Übersetzen Sie die Sätze ins Französische.

a) *Wenn es regnet, bleibe ich zu Hause.*

____

b) *Wenn du ihn sehen würdest, würdest du ihn nicht erkennen.*

____

c) *Wenn er nicht so früh gegangen wäre, hätte er mit uns gefeiert.*

____

d) *Ruf mich nicht an, wenn du keine Zeit hast.*

____

Die indirekte Rede

203 ★

Ergänzen Sie die Lücken mit dem richtigen **Einleitungswort**.

s' • que • qu' • si • où • combien • pourquoi • quand

a) Il me demande ________________ d'argent il me reste.

b) Je ne sais pas ________________ il ne m'a pas répondu.

c) Nous nous demandons ________________ ils ont bien pu passer.

d) Elle m'a raconté ________________ elle avait eu un accident de vélo.

e) Vous leur direz ________________ le métro sera arrivé.

f) Christelle lui a demandé ________________ elle pouvait lui prêter sa voiture.

g) Je pense ________________ tu devrais t'habiller de manière plus élégante.

h) Est-ce que tu sais ________________ il est déjà parti ?

204 ★★

Kreuzen Sie die richtige Verbform an.

a) Elle me demande si je la ________________ à l'anniversaire.

☐ **A** voyais ☐ **B** verrai ☐ **C** verrais

b) Il dit au service de dépannage qu'il ________________ en panne d'essence.

☐ **A** est tombé ☐ **B** tombait ☐ **C** tomberait

c) Mon père demande où nous ________________.

☐ **A** irions ☐ **B** allons ☐ **C** serions allés

d) Elle ne me dit pas avec qui elle ________________.

☐ **A** partirait ☐ **B** partait ☐ **C** part

205 ★★★

Ergänzen Sie die folgenden Sätze in der **indirekten Rede** mit der passenden Verbform.

a) Mon chef voulait savoir si j'__________ mon travail. (finir)

b) Le gendarme m'a demandé si j'__________ mon permis de conduire. (avoir)

c) Claire m'a raconté qu'elle __________ depuis un an. (être divorcée)

d) Mon fils m'a demandé si je __________ mieux depuis ma cure. (se sentir)

e) Il m'a dit qu'il __________ de mon avis. (être)

206 ★★★

Setzen Sie die folgende Rede in der Vergangenheit in die **indirekte Rede** wie im Beispiel.

a) « Est-ce que tu vas bien ? »

Il m'a demandé si j'allais bien.

b) « Tu peux me donner la réponse ? »

____

c) « Qu'est-ce que tu fais aujourd'hui ? »

____

d) « Où es-tu allé te promener hier après-midi ? »

____

e) « Tu avais déjà réfléchi au problème ? »

____

Der Satz im Passiv

207 ★

Ergänzen Sie die Tabelle mit den richtigen Passivformen des Verbs.

Präsens	Imparfait	Futur I	Subjonctif
a) *je suis conduit(e)*	*j'étais conduit(e)*	*je serai conduit(e)*	*que je sois conduit(e)*
b)	*j'étais interrogé(e)*		
c)		*je serai pris(e)*	
d)			*que je sois arrêté(e)*

208 ★★

Wandeln Sie die Sätze in die **Passivform** um.

a) Le chat mange la souris.

____

b) Christian conduit la voiture.

____

c) La boulangère ferme le magasin à 18 heures.

____

d) Les Américains ont lancé une bombe atomique sur le Japon.

____

e) Christophe porte la valise de Fabienne.

____

209 ★★★

Übersetzen Sie die Sätze ins Französische.

a) *Im Elsass wird auch Deutsch gesprochen.*

____

b) *Ein neues Gesetz wurde vom Parlament verabschiedet.*

____

c) *Dieses Gebäude wurde vom Staat finanziert.*

____

210 ★★★

Verbinden Sie die zusammengehörenden Sätze.

a) Là-bas, on roule à gauche.	___	**A**	*Ihr wurden Blumen geschenkt.*
b) On a décidé d'augmenter les prix.	___	**B**	*Dort wird links gefahren.*
c) Les crustacés se mangent avec les doigts.	___	**C**	*Es wurde entschieden, die Preise zu erhöhen.*
d) Elle s'est fait offrir des fleurs.	___	**D**	*Dies wurde heiß diskutiert.*
e) Cela a été l'objet d'un gros débat.	___	**E**	*Krustentiere werden mit den Fingern gegessen.*

!

Im Französischen kann man oft die Passivform umgehen:

- Sätze mit **on**:
  On a élu le parti socialiste. – *Die sozialistische Partei wurde gewählt.*
- Umschreibung mit einem Reflexivverb:
  Les cigarettes se vendent de plus en plus. – *Zigaretten werden immer mehr verkauft.*
- Konstruktion mit **se faire** + Infinitiv:
  Il s'est fait voler sa voiture. – *Sein Auto wurde ihm gestohlen.*

Grund-, Ordnungs- und Bruchzahlen

211 ★ Ergänzen Sie die Lücken mit der richtigen Zahl.

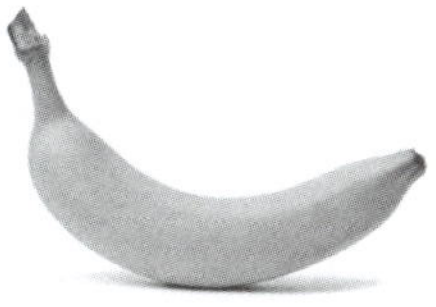

a) ______ banane

b) ______ salades

c) ______ tranches de salami

d) ______ pommes

e) ______ tomates

f) ______ artichauts

212 ★★ Schreiben Sie die **Zahlen** aus.

a) 15 ______

b) 28 ______

c) 42 ______

d) 77 ______

e) 93 ______

f) 80 ______

g) 59 ______

h) 61 ______

213 ★★

Verbinden Sie die **Zahl** mit ihrer ausgeschriebenen Variante.

a) 16		___	A	quarante et un(e)
b) 100		___	B	mille un(e)
c) 96		___	C	soixante-sept
d) 1001		___	D	quatre-vingt-seize
e) 41		___	E	cent
f) 87		___	F	quatre-vingt-sept
g) 67		___	G	seize

Bei 21, 31, 41, 51, 61 und 71 steht zwischen den Zehnern und Einern **et**:

21 **vingt et un(e)**
31 **trente et un(e)**

aber

81 **quatre-vingt-un(e)**
91 **quatre-vingt-onze.**

214 ★★

Ordnen Sie die **Zahlen** in die richtige Tabellenspalte.

cent un • trois cents • quatre-vingt-dix • six cent douze • mille sept cents • quinze • vingt-sept • soixante et onze • deux millions • quatre-vingt-deux

a) < 100	**b)** > 100

215 ★★

Ergänzen Sie die Lücken mit der richtigen ausgeschriebenen **Zahl**.

300 ▪ 83 ▪ 3 ▪ 20 ▪ 0 ▪ 50 000 ▪ 2 000 000 ▪ 1 000 000 000

a) Je voudrais ______________ grammes de parmesan, s'il vous plaît.

b) Pour ses ______________ ans, nous lui avons acheté un vélo avec des roulettes.

c) À la banque, je vais retirer ______________ euros pour payer ma voiture neuve.

d) Ma mère s'est mariée à ______________ ans, juste avant ma naissance.

e) Ton grand-père est mort à ______________ ans ?

f) Leur villa vaut plus de ______________ d'euros.

g) ______________ est un nombre avec neuf zéros.

h) Je me suis trompé, je recommence tout à ______________.

216 ★★★

Schreiben Sie die **Zahlen** aus.

a) 1977 ______________

oder ______________

b) 76 999 ______________

____

c) 2 500 000 ______________

d) 1 000 000 000 ______________

e) 987 654 ______________

____

217 ★

Verbinden Sie die **Ordnungszahlen** mit den passenden **Grundzahlen**.

a) 5	___	**A**	second(e)/deuxième
b) 2	___	**B**	quatorzième
c) 101	___	**C**	cinquième
d) 1	___	**D**	cent unième
e) 1000	___	**E**	trentième
f) 14	___	**F**	premier
g) 30	___	**G**	millième
h) 23	___	**H**	troisième
i) 3	___	**I**	vingt-troisième

218 ★★

Ergänzen Sie die Lücken mit der richtigen **Ordnungszahl**.

Seconde • Ier • millième • quatre-vingtième • vingt et unième

a) Napoléon ____________ était un grand empereur français.

b) La ____________ Guerre mondiale a duré de 1939 à 1945.

c) C'est la ____________ fois que je te le dis !

d) Nous vivons au ____________ siècle.

e) Ma grand-mère fête son ____________ anniversaire.

!

Bei Herrschernamen steht nur beim „Ersten" die Ordnungszahl, ansonsten die Grundzahl:

François Ier (gesprochen: **premier**) – *Franz I.*
aber **Louis XIV** (gesprochen: **quatorze**) – *Ludwig XIV.*

219 ★★

Ergänzen Sie die Lücken mit der richtigen **Bruchzahl**, entsprechend der Angabe in Zahlen wie im Beispiel.

a) 1/2 *un demi* ____________ **b)** 1/3 ____________

c) 3/4 ____________ **d)** 1/4 ____________

e) 2/10 ____________ **f)** 1/100 ____________

g) 2/3 ____________ **h)** 7/8 ____________

220 ★★★

Übersetzen Sie die Sätze ins Französische und verwenden Sie dabei Sammelzahlen (**une dizaine**, etc.).

a) *Ich möchte ein Dutzend Eier.*

____

b) *Sie haben ca. 10 Freunde eingeladen.*

____

c) *Vor ca. 20 Jahren lebte ich in England.*

____

d) *Wir werden uns in ca. 14 Tagen wiedersehen.*

____

e) *Bei der Schau waren ungefähr tausend Zuschauer.*

____

f) *Es waren um die 100 Personen da.*

____

Datum und Zeitangabe

221 ★

Schreiben Sie die richtige **Uhrzeit** in die Lücke.

a) Il est ____________ / ____________ heures.

b) Il est ____________ / ____________ heures.

c) Il est ____________ / ____________ heures.

d) Il est ____________ / ____________ heures.

222 ★★

Verbinden Sie die miteinander passenden **Uhrzeiten**.

a) Il est une heure. ____ **A** Il est six heures.

b) Il est 0 h 00. ____ **B** Il est midi.

c) Il est dix-huit heures. ____ **C** Il est treize heures.

d) Il est 12 heures. ____ **D** Il est minuit.

223 ★★

Kreuzen Sie die richtige(n) **Uhrzeit(en)** an.

a) 19:30

- ☐ **A** Il est sept heures et demie.
- ☐ **B** Il est dix-neuf heures trente.
- ☐ **C** Il est sept heures et quart.

b) 09:45

- ☐ **A** Il est dix heures moins le quart.
- ☐ **B** Il est vingt et une heures quinze.
- ☐ **C** Il est neuf heures quarante-cinq.

c) 15:15

- ☐ **A** Il est trois heures trente.
- ☐ **B** Il est quinze heures quinze.
- ☐ **C** Il est trois heures et quart.

d) 12:40

- ☐ **A** Il est midi quarante.
- ☐ **B** Il est douze heures vingt.
- ☐ **C** Il est une heure moins vingt.

224 ★★★

Übersetzen Sie die Sätze ins Französische.

a) *Der Zug fährt um 10.30 Uhr los.*

____

b) *Kommen Sie um 12 Uhr zum Mittagessen.*

____

c) *Der Film beginnt um Viertel nach acht.*

____

d) *Die Schule hört um 16.30 Uhr auf.*

____

e) *Wir treffen uns um 16.45 Uhr.*

____

225 ★★★

Schreiben Sie die korrekte **Uhrzeit** in Zahlen wie im Beispiel.

a) trois heures quinze *3 h 15*

b) quinze heures dix-huit ______

c) vingt-trois heures trente ______

d) dix-neuf heures cinquante-cinq ______

e) minuit ______

f) midi et demie ______

g) six heures moins le quart ______ / ______

h) huit heures moins cinq ______ / ______

i) quatre heures et quart ______ / ______

j) Welche beiden Uhrzeiten sind gleich? ______ und ______

226 ★★

Schreiben Sie folgende **Datumsangaben** wie im Beispiel aus, indem Sie den Monatsnamen verwenden.

a) 20.09.1967 *le vingt septembre 1967*

b) 01.03.2013 ______

c) 14.07.1789 ______

d) 02.08.1980 ______

e) 15.01.1848 ______

f) 28.02.2000 ______

g) 12.06.1971 ______

227 ★★

Verbinden Sie die zusammengehörenden Satzteile.

a) On est le combien aujourd'hui ? ____ A Nous décollons le 12 février.

b) Vous partez à quelle date ? ____ B Du 9 au 18 octobre.

c) Quand est-ce qu'il arrive ? ____ C On est le 1er novembre.

d) Vous êtes en vacances quand ? ____ D Julien rentre le 14 juillet.

e) Depuis quand êtes-vous malade ? ____ E Le 14 juillet ? En France, oui !

f) Est-ce que c'est un jour férié ? ____ F Depuis début décembre.

228 ★★

Ergänzen Sie die Sätze mit der richtigen Form der **Datumsangabe**.

a) ______________________, je dois me lever tôt. *(montags)*

b) ______________________, mon cours de sport n'aura pas lieu. *(nächsten Dienstag)*

c) Aujourd'hui, nous sommes ______________________. *(Donnerstag, den 10. Mai)*

d) ______________________, il y a un super bon film à la télé ! *(am Sonntag)*

e) L'automne dure ______________________. *(von September bis Dezember)*

f) Il est né ______________________. *(am 5. Oktober)*

g) Les vacances scolaires vont ______________________

______________________. *(vom 30.06. bis zum 05.09.)*

h) Elle est morte le ______________________. *(01.01.)*

i) ______________________, il y a eu un grave accident sur l'autoroute A8 avec de nombreux blessés. *(letzten Samstag)*

Präpositionen des Ortes und der Zeit

229 ★

Wählen Sie die richtige Präposition des Ortes.

a) Je travaille **à/en/dans** Paris.

b) Elle habite **à/en/dans** une grande maison à la campagne.

c) Les enfants jouent **à/en/dans** la rue.

d) Nous passons souvent nos vacances **à l'/en/dans l'**Italie.

e) J'adore aller **à la/en/dans la** ville faire les magasins avec mon amie !

f) Ils vont **au/du/en** musée pour voir une exposition exceptionnelle.

g) Lille se trouve **du/dans le/en** Nord de la France.

h) Ils sont partis en voyage **à/en/aux** États-Unis.

i) Nous avons passé deux jours **au/en/dans le** Sud de la France.

230 ★★

Übersetzen Sie die Redewendungen ins Französische.

a) *Bis morgen!* ______________________

b) *im August* ______________________

c) *während der Ferien* ______________________

d) *für sechs Monate* ______________________

e) *im Winter* ______________________

f) *innerhalb einer Woche* ______________________

g) *vor zehn Uhr* ______________________

h) *nach dem Essen* ______________________

231 ★★

Ordnen Sie die **Orts- und Zeitpräpositionen** in die richtige Tabellenspalte.

à côté de • contre • après • devant • avant • depuis • derrière • autour de • sous • pendant • dès • il y a

a) Ortspräpositionen	b) Zeitpräpositionen

!

Einige Präpositionen können sowohl für Ortsangaben als auch für Zeitangaben verwendet werden. Allerdings ist die Bedeutung dann unterschiedlich:

de Lille – *aus Lille*
vers Paris – *in Richtung Paris*

de 8 h à midi – *von 8 bis 12 Uhr*
vers 10 heures – *gegen 10 Uhr.*

232 ★★

Verbinden Sie die **Ortspräpositionen** mit ihrer deutschen Entsprechung.

a) au-dessus de ___ A *inmitten*
b) au milieu de ___ B *über*
c) à travers ___ C *durch*
d) chez ___ D *entlang*
e) en face de ___ E *bei, zu*
f) le long de ___ F *gegenüber von*
g) loin de ___ G *zwischen, unter*
h) parmi ___ H *weit von*

233 ★★

Ergänzen Sie die Sätze mit der richtigen **Zeitpräposition**

à partir d' • en • pour • pendant • dans • en • à • dès • jusqu' • en

a) Il est rentré ________________ trois heures du matin de la fête que son copain avait organisée.

b) Cette année, nous prenons nos vacances ________________ août et plus ________________ juillet comme l'année dernière.

c) ________________ aujourd'hui, j'arrête de fumer.

d) ________________ une semaine, je serai enfin aux États-Unis !

e) ________________ l'âge de quatre ans, il savait nager.

f) ________________ automne, j'adore ramasser des châtaignes.

g) Il a travaillé ________________ à minuit.

h) ________________ les vacances scolaires, il n'a pas touché à ses livres et n'a pas ouvert un cahier.

i) Ils sont partis en Chine ________________ six mois.

234 ★★★

Kreuzen Sie die richtige **Präposition** an.

a) Le cinéma est ________________ du théâtre.

☐ **A** pendant ☐ **B** autour ☐ **C** à côté

b) Il pousse la table ________________ le mur.

☐ **A** sous ☐ **B** contre ☐ **C** dans

c) Notre hôtel est ________________ de la mairie !

☐ **A** dans ☐ **B** entre ☐ **C** en face

d) ________________ nos amis, certains sont avocats.

☐ **A** Entre ☐ **B** Contre ☐ **C** Parmi

e) Il y a des bouchons pour tous ceux qui roulent ______________ la région parisienne.

☐ **A** vers ☐ **B** dès ☐ **C** jusque

f) Je suis né ______________ 1960.

☐ **A** à ☐ **B** il y a ☐ **C** en

g) Les chambres donnent ______________ la cour.

☐ **A** sous ☐ **B** sur ☐ **C** par

h) Mes parents habitent ici ______________ des années.

☐ **A** loin de ☐ **B** dès ☐ **C** depuis

235 ★★★

Übersetzen Sie die Sätze ins Französische.

a) *Sie werden vor 10 Uhr kommen.*

____

b) *Stellen Sie die Gläser auf den Tisch.*

____

c) *Heute Nachmittag gehe ich zum Zahnarzt.*

____

d) *Geh nicht auf die Straße!*

____

e) *Ich habe das Buch in zwei Stunden gelesen.*

____

Modale Präpositionen

236 ★

Verbinden Sie die passenden Satzteile.

a) une tasse	___	A	à bicyclette
b) rouler	___	B	à café
c) se trouver	___	C	à pêche
d) une canne	___	D	le kilo
e) à dix euros	___	E	à 100 kilomètres
f) taper	___	F	à pied
g) marcher	___	G	à la main
h) fait	___	H	à moteur
i) un bateau	___	I	à la machine

237 ★★

Ergänzen Sie die Lücken mit der richtigen **Präposition**.

a) Prendrez-vous encore une tasse ______________ thé ?

☐ A à ☐ B de ☐ C en

b) Il m'a fait un signe ______________ la main.

☐ A à ☐ B de ☐ C avec

c) Ils sont morts ______________ froid !

☐ A à ☐ B par ☐ C de

d) Je porte une robe ______________ coton.

☐ A à ☐ B avec ☐ C de

e) Il nous faut deux bouteilles ______________ lait.

☐ A de ☐ B en ☐ C par

f) Il tape toujours ________ pied quand il entend de la musique !

☐ **A** de ☐ **B** du ☐ **C** des

g) Je voudrais un paquet ________ farine.

☐ **A** en ☐ **B** de la ☐ **C** de

h) Il parle ________ vous.

☐ **A** en ☐ **B** de ☐ **C** à

i) Donnez-moi deux tranches ________ jambon.

☐ **A** de ☐ **B** du ☐ **C** à

j) Il ne se nourrit que ________ fruits et légumes.

☐ **A** avec ☐ **B** de ☐ **C** des

238 ★★

Ergänzen Sie die Lücken mit der richtigen modalen **Präposition**.

a) Mes voisins sont partis ________ voyage ________ avion.

b) Le pantalon ________ cuir que je me suis acheté est vraiment de très bonne qualité.

c) Je n'aime pas manger de la soupe ________ entrée.

d) Elle s'habille toujours ________ noir.

e) Ce tapis n'est pas ________ fibres synthétiques, il est ________ pure laine.

f) Le trajet ________ train a duré plus de dix heures.

g) J'ai dû payer 50 euros ________ plus parce que je voulais une chambre individuelle.

h) Ici, il faut payer ________ liquide.

i) Welche Präposition passt in jeden dieser Sätze? ________

239

★★★

Ordnen Sie die Redewendungen der korrekten **Präposition** zu.

semaine • la poste • faire plaisir • une semaine • quinze mille euros • cœur • personne • pitié • deux mois • rien

a) par	**b)** pour

240

★★★

Ergänzen Sie die Lücken mit der richtigen **modalen Präposition**.

d' • sans • avec • à • par • sur • en

a) Il me regarde ______ un air triste.

b) Je préfère y aller ______ pied.

c) C'est ______ plaisir que nous l'avons accueilli.

d) Papy s'est déguisé ______ Père Noël.

e) Ma correspondante m'a envoyé une lettre ______ avion.

f) Un Allemand ______ trois est déjà allé en France.

g) Ils ont escaladé la montagne ______ aucune crainte.

h) Vous pouvez manger les huîtres ______ les mains !

i) Il roule toujours ______ plus de deux cent kilomètres à l'heure.

j) Ils ont fait le voyage complet ______ autobus.

Beiordnende Konjunktionen

241 ★

Finden Sie alle sieben beiordnenden Konjunktionen in der Buchstabenschlange und schreiben Sie sie einzeln auf.

m a i s x i e k o u w o y e t z i l i d o n c m m n o r i l r n i t j z o c a r o r j

a) ______ **b)** ______

c) ______ **d)** ______

e) ______ **f)** ______

g) ______

Die sieben beiordnenden Konjunktionen kann man in einem Stück auswendig lernen. Dabei hilft folgender Merksatz, in dem man alle hört:

Mais où est donc Ornicar ? (mais où est donc or ni car) – *Aber wo ist Ornicar?*

242 ★★

Verbinden Sie die passenden Satzteile.

a) Le matin, je bois un café ___ **A** ni au théâtre ni au cinéma.

b) Il ne va ___ **B** car ça va plus vite.

c) Vous préférez rester ___ **C** et je lis le journal.

d) Nous avions rendez-vous ___ **D** ou vous voulez partir ?

e) Je prends la voiture ___ **E** donc je peux aller me promener.

f) J'ai fini mon travail ___ **F** donc je prends mes gants.

g) Il prend d'abord le bus ___ **G** mais il n'est pas venu !

h) Il fait froid ___ **H** et après il monte dans le métro.

243 ★★

Bringen Sie die Sätze wieder in die richtige Reihenfolge. Manchmal gibt es zwei Möglichkeiten.

a) Il | pleut | reste | Keanu | à | maison | et | la

____

b) Le | la | télé | dimanche | regardait | elle | elle | lisait | livre | ou | un

____

oder ______________________________

c) Il | arrive | énervant | est | car | retard | en | toujours | il

____

d) Je | suis | je | ne | fatigué | mais | malade | pas | suis

____

e) Il | ni | ni | boit | café | de | thé | de | ne

____

oder ______________________________

f) Je | malade | reste | couchée | donc | je | suis

____

244 ★★

Kreuzen Sie die einzig mögliche **Konjunktion** an.

a) Il neige ____________ je reste à la maison.

☐ A ou ☐ B donc ☐ C car

b) Le livre est intéressant ____________ il est vraiment long !

☐ A ou ☐ B donc ☐ C mais

c) Ils finissent leurs devoirs ________ ils vont jouer dehors.

☐ **A** et ☐ **B** ni ☐ **C** car

d) Il prend sa casquette ________ la météo a annoncé une journée chaude.

☐ **A** et ☐ **B** ou ☐ **C** car

e) Tu restes là ________ tu viens avec nous ?

☐ **A** mais ☐ **B** ou ☐ **C** donc

245 ★★★

Übersetzen Sie die Sätze ins Französische.

a) *Sie sind ins Café gegangen und haben ein Bier getrunken.*

____

b) *Mögt ihr das Land oder wohnt ihr lieber in der Stadt?* (Intonationsfrage)

____

c) *Ich bin im Ausland also kann ich nicht zu der Party kommen.*

____

d) *Ich gehe oft ins Kino aber ich sehe mir nur Komödien an.*

____

e) *Ich bin enttäuscht gewesen denn er ist nicht gekommen.*

____

f) *Ich mag weder Fleisch noch Fisch.*

____

g) *Ich denke also bin ich.*

____

Subordnende Konjunktionen

246 ★

Ordnen Sie die subordnenden **Konjunktionen der Zeit** ihrer korrekten Bedeutung zu.

a) avant que	___	A	*nachdem*
b) jusqu'à ce que	___	B	*bevor*
c) après que	___	C	*während*
d) aussi longtemps que	___	D	*bis*
e) pendant que/lorsque	___	E	*solange*
f) quand	___	F	*als, wenn*
g) chaque fois que	___	G	*sobald*
h) aussitôt que	___	H	*wenn erst einmal*
i) une fois que	___	I	*jedesmal, wenn*

247 ★★

Markieren Sie die richtige **beiordnende Konjunktion**.

a) **Malgré qu'/Pendant qu'/Avant qu'**elle soit très occupée, elle va régulièrement à la piscine.

b) Tu pourras sortir avec tes amis **jusqu'à ce que/pour que/à condition que** tu fasses tes devoirs avant.

c) Nous resterons dans le jardin **aussitôt que/jusqu'à ce que/quoique** la nuit tombe.

d) **Au cas où/Alors que/Puisque** mes parents rentreraient plus tôt, je n'ai pas fermé la porte à clé.

e) **Comme/En attendant que/Sans que** je ne me sentais pas bien, je ne suis pas allé à l'université.

f) Parce qu'/Quand/Si bien qu'il viendra, nous ferons une partie de cartes ensemble.

g) Il a acheté un bac à sable parce que/pour que/pourvu que ses enfants puissent jouer dehors.

h) Je ferme toujours les volets de sorte que/de peur que/de manière que les voleurs puissent entrer dans la maison.

248 ★★

Ordnen Sie die **Konjunktionen** in die richtige Tabellenspalte, je nachdem ob sie vom Indikativ oder vom Subjonctif gefolgt werden.

depuis que ▪ de crainte que ▪ avant que ▪ tant que ▪ dès que ▪ sans que ▪ bien que ▪ malgré que ▪ après que ▪ vu que

a) Indikativ	**b)** Subjonctif

!

Leider gibt es keine feste Regel, um zu wissen, ob eine beiordnende Konjunktion das Indikativ oder das Subjonctif erfordert, man muss es von Anfang an auswendig lernen! Das Subjonctif wird auf jedem Fall durch die Konjunktionen **bien que** *(obwohl)*, **sans que** *(ohne dass)*, **avant que** *(bevor)*, **pour que** *(um ... zu, damit)*, **pourvu que** *(sofern)*, **jusqu'à ce que** *(bis)* generiert.

249 ★★★

Ergänzen Sie die Lücken mit der richtigen **Konjunktion** und der richtigen Verbform im Indikativ oder Subjonctif.

a) ______________ tu ______________ ton café, je vais lire un magazine. (*während*, boire)

b) On restera là-bas ______________ le match ______________ fini. (*bis*, être)

c) ______________ il ______________ à l'étranger, on ne le voit presque plus. (*seit*, vivre)

d) Je t'aime ______________ tu ______________ toujours drôle. (*weil*, être)

e) ______________ nous ______________ pas le poisson, nous avons goûté à la truite meunière. (*obwohl*, aimer)

f) Je vous donne les clés ______________ vous ______________ entrer même si nous ne sommes pas là. (*damit*, pouvoir)

250 ★★★

Übersetzen Sie die Sätze ins Französische.

a) *Ich rufe dich an, bevor du in Urlaub fährst.*

____

b) *Ich habe alles gemacht, ohne dass du es mir gesagt hast.*

____

c) *Geh zur Seite, damit ich vorbei gehen kann.*

____

d) *Sie geht zur Arbeit, obwohl sie krank ist.*

____

ANHANG

1

DER ARTIKEL

Der bestimmte Artikel

1.
a) Le, **b)** la, **c)** les, **d)** l', **e)** l', **f)** le, **g)** le, les

2.
a) Maroc, Danemark, Kenya, Portugal, Sénégal, Canada;
b) France, Suisse, Italie, Norvège, Allemagne, Espagne

3.
a) l', **b)** le, **c)** le, **d)** le, **e)** l', **f)** l', **g)** Le, **h)** l', **i)** l'

4.
a) au, **b)** à l', **c)** de la, **d)** du, **e)** des, **f)** aux, **g)** du, **h)** au, **i)** de l', **j)** à la, **k)** du, **l)** aux

5.
a) La, **b)** les, **c)** le, **d)** la, le, **e)** les, le, **f)** Le, **g)** le, **h)** le, les, **i)** Les, **j)** le, l', **k)** les, les, **l)** les, **m)** L', le

Der unbestimmte Artikel

6.
a) un, **b)** une, **c)** des, **d)** des, **e)** un, **f)** une, **g)** des, **h)** une, **i)** un, **j)** des, **k)** une, **l)** un, **m)** des, **n)** une

7.
a) G, **b)** E, **c)** B, **d)** C, **e)** A, **f)** D, **g)** F, **h)** H

8.
a) Mon ami me raconte des histoires.
b) Elle voudrait acheter une voiture.
c) Nous regardons des photos.
d) J'ai un frère et une sœur.
e) Il passe un mois à la montagne/dans les montagnes.
f) Je m'achète une robe et des chaussures.
g) Je bois un café avec un ami.
h) Elle aimerait avoir un renseignement.

9.
a) B, **b)** BC, **c)** A, **d)** C, **e)** A , **f)** C

10.
a) A, **b)** G, **c)** C, **d)** F, **e)** B, **f)** D, **g)** E

Teilungsartikel und Mengenangaben

11.
a) café, pain, miel, jus d'orange, basilic;
b) confiture, farine, soupe, margarine, moutarde;
c) eau, huile, ail, orangeade, omelette;
d) œufs, tomates, croissants, oignons, olives

12.
a) du; **b)** des, du, de la, de l', du; **c)** de la, du, des, des, des, des; **d)** de la, du, des, de l', du; **e)** de la, du, des, de la

13.
a) A, **b)** E, **c)** H, **d)** C, **e)** D, **f)** B, **g)** F, **h)** G, **i)** J, **j)** I

14.
a) d', **b)** d', **c)** du, **d)** de, **e)** de, **f)** des, **g)** d', **h)** de, **i)** d', **j)** d'

15.
a) des, des, des; **b)** de, des; **c)** d'; **d)** du; **e)** d', du; **f)** de la, de la; **g)** de; **h)** de, du, du

DAS SUBSTANTIV

Geschlecht

16.
a) le bateau, **b)** le fromage, **c)** le livre, **d)** la salade, **e)** la maison, **f)** la cuisine

17.
secrétaire, médecin, journaliste, enfant, photographe, élève, professeur, ingénieur

18.
a) une amie, **b)** une bouchère, **c)** une vendeuse, **d)** la voisine, **e)** la princesse, **f)** une institutrice, **g)** l'Italienne, **h)** la dentiste

19.
a) B, **b)** D, **c)** G, **d)** E, **e)** C, **f)** A, **g)** F

20.
a) le, **b)** une, **c)** un, **d)** un, **e)** la, **f)** un, **g)** la, **h)** le, **i)** une, **j)** une

21.
a) lundi, printemps, nord, Rhône, sapin, argent, aluminium, train, avion;
b) France, Italie, Loire, médecine, voiture, géographie, Renault

Pluralbildung

22.
a) chiens, **b)** voitures, **c)** enfants, **d)** emplois, **e)** Françaises, **f)** jardins, **g)** filles, **h)** enfants

23.
a) les tuyaux, **b)** des bateaux, **c)** les cheveux, **d)** des noyaux, **e)** des lieux, **f)** les gâteaux, **g)** des dieux, **h)** des châteaux, **i)** les jeux, **j)** des oiseaux, **k)** des neveux, **l)** les cadeaux

24.
a) trous, **b)** genoux, **c)** bisous, **d)** bijoux, **e)** poux, **f)** choux, **g)** fous, **h)** cous, **i)** cailloux

25.
a) animal, **b)** journal, **c)** bocal, **d)** travail, **e)** prix, **f)** nez, **g)** bois, **h)** gaz, **i)** mal

26.
a) C, **b)** A, **c)** B, **d)** B

27.
a) B, **b)** D, **c)** E, **d)** A, **e)** F, **f)** C, **g)** H, **h)** G

DAS ADJEKTIV

Formen

28.
a) B, **b)** D, **c)** A, **d)** E, **e)** F, **f)** C

29.
b) mauvaise, mauvais, mauvaises;
c) bonne, bons, bonnes;
d) grande, grands, grandes;
e) difficile, difficiles, difficiles;
f) riche, riches, riches;
g) pauvre, pauvres, pauvres;
h) intéressante, intéressants, intéressantes

30.
a) grecque, **b)** jalouse, **c)** amicaux, **d)** douce, **e)** mauvais, **f)** nouvelle, **g)** dangereuse, **h)** légère

31.
a) petite, **b)** bretonnes, **c)** trompeuses, **d)** grosse, **e)** fraîche, **f)** faux, **g)** noires, blanches

Besondere Adjektive

32.
a) vieux, vieil, vieille, vieux, vieilles;
b) beau, bel, belle, beaux, belles

33.
a) nouvelle, **b)** bel, **c)** vieille, **d)** beau, **e)** belles, **f)** nouveau, **g)** Nouvel

34.
a) un pantalon rouge,
b) un pull bleu clair,
c) une veste vert foncé,
d) des chaussettes blanches,
e) des lunettes jaunes,
f) des chaussures orange

35.
a) grands-parents,
b) demi-heure,
c) nouveau-nés,
d) grand-chose,
e) sous-développés,
f) franco-allemandes,
g) une heure et demie

Stellung

36.
a) C, **b)** E, **c)** D, **d)** A, **e)** G, **f)** B, **g)** F, **h)** J, **i)** H, **j)** I

37.
a) Christine achète des rideaux neufs.
b) Le drapeau français est bleu, blanc, rouge.
c) Vous pouvez laisser la porte ouverte.
d) Nous visitons une église catholique.
e) Le nouveau professeur est très sympathique.
f) J'ai lu un livre intéressant.
g) Paris est une très grande ville.

38.

a) les jambes <u>lourdes</u>, **b)** la tête <u>haute</u>, **c)** un <u>bref</u> instant, **d)** la semaine <u>dernière</u>, **e)** ma <u>chère</u> tante, **f)** une <u>jeune</u> femme aux cheveux <u>longs</u>, **g)** son <u>premier</u> amour, **h)** une <u>seule</u> étudiante

Steigerung

39.

a) plus haute que, **b)** moins sportif que, **c)** aussi grande que, **d)** moins cher qu', **e)** plus riche qu', **f)** plus intelligents que

40.

a) G, **b)** D, **c)** B, **d)** A, **e)** C, **f)** E, **g)** F

41.

b) Jacques est plus lourd que Simon.
c) L'emplacement de tente est plus cher au camping des Sables qu'au camping des Dunes.

42.

a) meilleur, **b)** le meilleur, **c)** plus petite, **d)** moindres, **e)** la pire, **f)** plus mauvais

PERSONAL- UND ADVERBIALPRONOMEN

Verbundene und unverbundene Personalpronomen

43.

a) Tu, **b)** vous, **c)** J', **d)** Elles, **e)** Ils/Elles, **f)** Elle, **g)** Je/Elle, **h)** il

44.

a) C, **b)** B, **c)** A, **d)** E, **e)** D

45.

a) C, **b)** B, **c)** C, **d)** B

46.

a) Elle, **b)** Ils, **c)** Ils, **d)** elles, **e)** Il, **d)** Ils

47.

moi, toi, lui, elle, nous, vous, eux, elles

48.

a) moi, **b)** Lui, **c)** toi, **d)** Elle, **e)** vous, **f)** nous, **g)** eux, **h)** elle, **i)** vous, **j)** elle, **k)** toi, lui

Direkte Objektpronomen

49.

a) me, **b)** te, **c)** le, **d)** nous, **e)** les, **f)** les

50.

a) C, **b)** D, **c)** A, **d)** F, **e)** B, **f)** H, **g)** G, **h)** E

51.

a) l', **b)** la, **c)** les, **d)** le, **e)** les, **f)** la, **g)** le

52.

b) je ne les cherche pas.
c) je l'ai trouvé.
d) je ne l'ai pas prise.
e) je l'ai aidée.
f) nous les avons perdues.
g) je ne l'écoute pas souvent.

Indirekte Objektpronomen

53.

a) A, **b)** A, **c)** C, **d)** C, **e)** C

54.

a) lui, **b)** lui, **c)** lui, **d)** leur, **e)** leur, **f)** leur

55.

a) Je te donne un livre.
b) Tu peux/Peux-tu/Est-ce que tu peux lui répondre ?
c) Les voisins nous montrent les photos.
d) Je ne lui dis plus rien.
e) Ne leur parle pas !
f) Demande-lui !

56.

a) C, **b)** B, **c)** D, **d)** A, **e)** E

Reflexivpronomen

57.

a) me, **b)** te, **c)** se, **d)** vous, **e)** se

58.

a) m', vous, **b)** se, **c)** te, **d)** nous, **e)** s', **f)** se, **g)** vous, **h)** me, **i)** s', s', **j)** nous, **k)** se

59.
a) Il se lève tous les matins/chaque matin à dix heures.
b) Je me promène souvent dans le parc.
c) Nous allons nous marier/nous marierons le mois prochain.
d) Ils se sont enfuis/Elles se sont enfuies.
e) Il parle beaucoup mais elle se tait tout le temps/toujours.

Adverbialpronomen *en* und *y*

60.
a) A, **b)** C, **c)** B, **d)** C, **e)** C , **f)** B

61.
a) y, **b)** y, **c)** en, **d)** en, **e)** en

62.
a) E, **b)** A, **c)** D, **d)** C, **e)** F, **f)** B

Stellung bei mehreren Pronomen im Satz

63.
b) Je les leur ai montrées. **c)** Je lui en parle.
d) Il faut l'y inviter.

64.
a) Je la lui demande.
b) Il ne l'y a pas vu.
c) Vous les leur avez prêtées.
d) Il va lui en offrir une tasse.

65.
a) le moi, **b)** le lui, **c)** l'y, **d)** m'en, **e)** y en, **f)** la lui, **g)** te les, **h)** le leur, **i)** l'y, **j)** m'en

SONSTIGE PRONOMEN

Demonstrativbegleiter und -pronomen

66.
a) B, **b)** C, **c)** B, **d)** A

67.
a) D, **b)** C, **c)** B, **d)** A

68.
a) cette, cette; **b)** ces, **c)** cet, **d)** cet, **e)** ce, **f)** ces, **g)** ces

69.
a) C, **b)** B, **c)** D, **d)** A, **e)** F, **f)** E, **g)** G

Possessivbegleiter und -pronomen

70.
a) ma, mes, ton, ta, tes, son, sa, ses;
b) notre, notre, nos, votre, vos, leur, leurs

71.
a) mon, **b)** Son, **c)** son, **d)** ton

72.
b) leurs jouets.
c) C'est sa voiture.
d) Excusez-moi, ce sont vos billets ?
e) Désolé, mais c'est notre place de parking.

73.
a) A, **b)** C, **c)** C, **d)** C

Indefinitpronomen

74.
a) B, **b)** C, **c)** A, **d)** F, **e)** E, **f)** D

75.
a) tous, **b)** toutes, **c)** toute, **d)** tout, **e)** toutes, **f)** tous, **g)** tout, **h)** Tous

76.
a) Certains de mes amis ne veulent pas venir à la fête.
b) Est-ce que vous voulez/Voulez-vous/Voudriez-vous boire quelque chose ?
c) Il m'a tout raconté.
d) Il fait sombre, je ne vois rien.

77.
a) aucun, **b)** quelques-unes, **c)** chacun, **d)** aucune, **e)** quelques-uns, **f)** chacune

Lösungen

DIE VERNEINUNG

Verneinungselemente

78.
a) D, **b)** B, **c)** A, **d)** E, **e)** C

79.
a) Philippe n'est pas très intelligent.
b) Je ne suis pas allée au musée hier.
c) Vous ne viendrez pas nous rendre visite la semaine prochaine ?
d) Ils ne sont pas mariés et n'ont pas d'enfants.
e) Elle n'habite pas dans une grande villa.

80.
a) plus, **b)** rien, **c)** jamais, **d)** plus jamais, **e)** personne, **f)** plus rien, **g)** plus personne, **h)** pas encore, **i)** toujours pas, **j)** pas toujours

81.
a) B, **b)** C, **c)** B, **d)** A

Stellung der Verneinung und kombinierte Verneinung

82.
a) Gérard ne vient pas ce soir./Ce soir, Gérard ne vient pas.
b) Elle ne reçoit personne chez elle.
c) Non merci, je ne prends rien.
d) Depuis quand ne fumez-vous plus ?
e) Elle ne voit jamais personne.

83.
a) ABCD, **b)** BD, **c)** AC, **d)** C

84.
a) Il ne me téléphone jamais.
b) Je n'en parle pas souvent.
c) Vous n'y allez plus tous les dimanches ?
d) Nous n'avons plus beaucoup voyagé ces temps-ci.

85.
a) C, **b)** A, **c)** C, **d)** C, **e)** C, **f)** B

Verneinung und Mengenangaben

86.
b) pas de saxophone, **c)** pas de chien, **d)** pas de fromage

87.
a) pas d', **b)** pas de, **c)** pas d', **d)** pas de

88.
a) pas une, **b)** pas de, **c)** pas d', **d)** pas du, **e)** pas de, **f)** pas des, **g)** pas un

89.
a) C, **b)** H, **c)** A, **d)** G, **e)** F, **f)** E, **g)** D, **h)** B

VERBEN IM PRÄSENS

Verben auf -er

90.
a) parle, parles, parle, parlons, parlez, parlent;
b) aime, aimes, aime, aimons, aimez, aiment

91.
a) S, **b)** P, **c)** S, **d)** S, **e)** P, **f)** P, **g)** S, **h)** P, **i)** S, **k)** S, **l)** S, **m)** P, **n)** S, **o)** S, **p)** P

92.
a) jouent, **b)** parle, **c)** regardons, **d)** fermez, **e)** aimes, **f)** habite, **g)** demande, arrive, **h)** travaille, **i)** risques, roules

93.
b) parlez toujours beaucoup.
c) allument la lumière.
d) Nous tirons une carte.
e) Vous me gardez une part de gâteau.
f) Ils déjeunent tous les jours à la cantine.
g) Elles dégustent un bon vin rouge.

94.
a) commence, **b)** commençons, **c)** lancent, **d)** avancez, **e)** mange, **f)** mangeons, **g)** nages, **h)** partagent, **i)** déménagez

95.
a) paie/paye, paie/paye, payons;

b) essaies/essayes, essayez, essaient/essayent;
c) nettoie, nettoie, nettoyez;
d) tutoies, tutoie, tutoient;
e) essuie, essuie, essuyons;
f) ennuie, ennuyez, ennuient

96.
a) A, **b)** C, **c)** B, **d)** C, **e)** A, **f)** C, **g)** C, **h)** C, **i)** B

97.
a) ferme, **b)** commençons, **c)** mangent, **d)** regardent, jettent, **e)** répètes, **f)** nettoyez, **g)** enlève

Verben auf -ir

98.
a) pars, pars, part, partons, partez, partent;
b) finis, finis, finit, finissons, finissez, finissent

99.
a) finissez, **b)** partent, **c)** réfléchis, **d)** dormons, **e)** réussit, **f)** applaudissent, **g)** sens, **h)** sortez, **i)** ralentit

100.
a) dormir, mentir, sentir, sortir;
b) applaudir, choisir, réussir, réfléchir, agir, nourrir, punir, saisir

101.
a) B, **b)** D, **c)** A, **d)** C, **e)** F, **f)** E

102.
a) dors, **b)** dormons, **c)** choisis, **d)** réfléchit, **e)** choisissons, **f)** sentent, **g)** sent, **h)** sortent

103.
a) nous mentons, **b)** elle part, **c)** je me nourris, **d)** vous dormez, **e)** ils/elles finissent, **f)** je réfléchis, **g)** il sort, **h)** nous agissons

Verben auf -re

104.
a) mets, **b)** mets, **c)** met, **d)** met, **e)** mettons, **f)** mettez, **g)** mettent, **h)** met

105.
a) A, **b)** C, **c)** B

106.
a) attends, **b)** attendons, **c)** attends, **d)** attendent, **e)** attend, **f)** attendez, **g)** attend

107.
a) Elles, **b)** Tu, **c)** Nous, **d)** Vous, **e)** J', **f)** Il, **g)** Il, **h)** Je, **i)** Tu

108.
a) Elle attend un enfant.
b) Il perd ses cheveux.
c) Nous vendons notre maison.
d) Tu entends des voix.
e) Je te donne la main.
f) Je te rends ton cadeau.
g) Nous attendons devant l'église.

109.
a) E, **b)** A, **c)** G, **d)** C, **e)** B, **f)** D, **g)** F, **h)** I, **i)** H

Wichtigste unregelmäßige Verben

110.

X	Z	I	Ê	T	E	S	A
G	E	S	T	P	S	O	I
A	V	O	N	S	U	A	O
Q	B	N	H	N	I	V	N
U	N	T	T	X	S	E	T
S	O	M	M	E	S	Z	X
T	K	J	V	S	I	X	J
C	A	I	D	F	R	A	S

a) ai, as, a, avons, avez, ont;
b) suis, es, est, sommes, êtes, sont

111.
a) vais, **b)** va, **c)** allons, **d)** allez, **e)** vont, **f)** vas, **g)** va

112.
a) F, **b)** A, **c)** D, **d)** E, **e)** C, **f)** B

113.

a) prends, prend, prenons, prenez, prennent; **b)** comprends, comprends, comprend, comprenez, comprennent; **c)** apprends, apprends, apprend, apprenons, apprenez

114.

a) buvons, **b)** conduisez, **c)** connaissent, **d)** croyez, **e)** écris, **f)** faites, **g)** viens, **h)** vit, **i)** lisons

115.

(Vorschlag:) Le samedi, je dors tard, je cours dans la nature, je déjeune en famille, je fais des courses, je dîne au restaurant, je lis un livre et je vais au cinéma le soir.

Reflexivverben

116.

a) me lave, **b)** vous déshabillez, **c)** te vois, **d)** nous trouvons, **e)** se coiffe, se maquille

117.

a) E, **b)** D, **c)** B, **d)** A, **e)** I, **f)** C, **g)** F, **h)** H, **i)** G

VERBEN IN DER VERGANGENHEIT

Imparfait und Passé composé

118.

a) je parlais, **b)** nous avions, **c)** vous preniez, **d)** ils voulaient, **e)** tu pouvais, **f)** il savait, **g)** vous faisiez

119.

a) E, **b)** A, **c)** B, **d)** C, **e)** D

120.

a) Faux, **b)** Vrai, **c)** Faux, **d)** Vrai

121.

a) ai regardé, **b)** a fait, **c)** as téléphoné, **d)** avons dansé, **e)** avez fini, **f)** a bu, **g)** a mangé, **h)** ont travaillé, **i)** avez préparé, **j)** as vu, **k)** a compris

122.

a) ai eu, **b)** a été, **c)** avons eu, **d)** avez été, **e)** a eu, **f)** as été

123.

a) Je suis allé(e) en ville avec des amies faire du shopping.
b) Il est resté deux semaines aux Pays-Bas.
c) Qu'est-ce qu'il est devenu ?
d) Elle est venue nous voir tous les mois.

124.

a) dîner, faire, avoir, être, prendre, perdre, choisir, voyager; **b)** rester, tomber, mourir, partir, arriver, aller, venir, entrer

125.

a) vu, **b)** arrivée, **c)** partis, **d)** parlé, **e)** réveillée, **f)** lavé, **g)** prêtée

126.

a) suis descendu(e), **b)** ai descendu, **c)** a monté, **d)** est montée, **e)** êtes sorti(e)s, **f)** avez sorti

127.

a) se levait, s'est levée; **b)** se promenait, a tiré, est parti; **c)** suis allé(e), avons bu; **d)** faisait, dû; **e)** venait, n'est pas venu

Plusquamperfekt

128.

a) C, **b)** A, **c)** A, **d)** B

129.

b) L'accident avait eu lieu sur la nationale 7 en direction d'Aix-en-Provence.
c) Ils avaient voté la loi à l'unanimité.
d) Le spectacle s'était déroulé sur la scène de Bercy.

Passé simple

130.

a) C, **b)** A, **c)** E, **d)** G, **e)** J, **f)** F, **g)** H, **h)** I, **i)** B, **j)** D, **k)** L, **l)** K

131.

a) B, **b)** C, **c)** C, **d)** B, **e)** A, **f)** B

132.
a) se mit, **b)** sauta, commença, **c)** entra, **d)** firent, **e)** eut

133.
a) dormais, réveilla; **b)** arriva, lisais; **c)** avait, **d)** vit, commanda

134.
a) Il entra dans la boulangerie.
b) L'accident eut lieu sur l'autoroute.
c) Ils furent très choqués par/de la situation.
d) Il mit son manteau et sortit.
e) Je reçus une lettre de mon avocat.
f) Elle reconnut d'abord son frère.

VERBEN IN DER ZUKUNFT

Futur composé

135.
a) vais faire, **b)** allez revenir, **c)** va passer, **d)** vas travailler, **e)** vont aller, **f)** allons avoir

136.
a) vais prendre, **b)** allons téléphoner, **c)** va appeler, **d)** allez savoir, **e)** va faire, **f)** vas entendre

Futur I

137.
a) regarderai, regarderas, regardera, regarderons, regarderez, regarderont;
b) finirai, finiras, finira, finirons, finirez, finiront;
c) attendrai, attendras, attendra, attendrons, attendrez, attendront

138.
a) lirai, **b)** passera, **c)** regardera, **d)** travailleras, **e)** cherchera/lira, **f)** apportera

139.
a) dormirons dans une toile de tente.
b) Viendrez-vous manger avec nous au restaurant ?
c) Ils se plairont beaucoup dans la région.

140.
a) E, **b)** G, **c)** F, **d)** J, **e)** D, **f)** H, **g)** A, **h)** I, **i)** B, **j)** C

141.
a) peindrons, **b)** recevras, **c)** devrez, **d)** pourrai, **e)** voudras, **f)** éteindrez, **g)** viendront, **h)** verrez, **i)** tiendra

142.
a) Après, je m'achèterai une glace.
b) Plus tard, mon frère viendra./Mon frère viendra plus tard.
c) J'espère que le soleil brillera cet après-midi.
d) Avec un peu de chance, je gagnerai sûrement.
e) Nous irons plus tard au cinéma.

Futur II

143.
a) aurai préparé, **b)** auront fini, **c)** sera terminé, **d)** auras déjeuné, **e)** aurai terminé, **f)** auras fini

144.
a) E, **b)** C, **c)** D, **d)** A, **e)** B

ANDERE MODI

Die Partizipien

145.
b) attendant, **c)** finissant, **d)** regardant, **e)** allant, **f)** choisissant, **g)** voulant, **h)** ayant, **i)** étant, **j)** sachant, **k)** faisant, **l)** prenant

146.
b) choisi, **c)** dormi, **d)** attendu, **e)** rentrées, **f)** vendu, **g)** accompli, **h)** fini, **i)** partis

147.
a) B, **b)** A, **c)** C, **d)** B, **e)** A, **f)** A

148.
a) bu, **b)** connu, **c)** craint, **d)** écrit, **e)** fait, **f)** fallu, **g)** mort

Lösungen

1

LÖSUNGEN

149.
a) plu, **b)** fallu, **c)** lu, **d)** plu, **e)** vécu, **f)** pris, **g)** vue

150.
a) Je ne l'ai pas cru. **b)** Ils l'ont suivie.
c) Elle est morte d'une maladie grave.

Das Konditional

151.
a) donnerais, donnerait, donnerions, donneriez, donneraient;
b) écrirais, écrirais, écrirait, écririons, écririez;
c) rendrais, rendrais, rendrait, rendrions, rendraient

152.
a) B, **b)** A, **c)** D, **d)** F, **e)** C, **f)** E

153.
a) changerais, **b)** aimerait, **c)** pourriez, **d)** adorerions, **e)** diriez, **f)** serait, **g)** travaillerais, **h)** voudrais, **i)** aurait

154.
a) pourrions, **b)** voudrais, **c)** seraient, **d)** diriez, **e)** ferais, **f)** pourrait, **g)** aimerait, **h)** devrait

155.
a) j'aurais fait, **b)** tu serais allé(e), **c)** nous aurions pris, **d)** ils auraient eu, **e)** vous auriez été, **f)** on aurait voulu, **g)** ils auraient pu, **h)** tu aurais su, **i)** tu aurais dû, **j)** il aurait vu, **k)** nous aurons eu, **l)** tu auras été

156.
a) B, **b)** D, **c)** A, **d)** E, **e)** C, **f)** F

157.
a) prendrais, **b)** aimerait, **c)** serait rentré, **d)** Pourriez, **e)** aurait dû

158.
a) Où voudriez-vous aller ?
b) J'aimerais avoir plus de vacances.
c) Tu pourrais/Pourrais-tu/Est-ce que tu pourrais parler plus fort, s'il te plaît ?
d) Tu aurais dû le voir !
e) Nous aurions pu gagner le jeu/match.

Das Gerundium

159.
a) Faux, **b)** Vrai, **c)** Vrai, **d)** Faux, **e)** Vrai

160.
a) C, **b)** D, **c)** A, **d)** E, **e)** B, **f)** G, **g)** F

Der Imperativ

161.
a) chante, chantez, **b)** choisis, choisissons;
c) faisons, faites; **d)** attends, attendez;
e) dors, dormons

162.
a) buvez, **b)** Prenons, **c)** Faites, **d)** Sache, **e)** va, **f)** Sois, **g)** Dis, **h)** éteignez, **i)** parlez

163.
a) aie, **b)** Sachez, **c)** Soyons, **d)** sois, **e)** ayez, **f)** Soyez

164.
a) Fais attention ! **b)** Soyez prudent(s)(es)
c) Prenez la première route/rue à droite.
d) Allons-y !

Das Subjonctif

165.
a) travaille, **b)** partes, **c)** venions, **d)** finissiez, **e)** parle, **f)** achète, **g)** payes/paies, **h)** nettoie, **i)** mettiez, **j)** écrivions, **k)** balaye/balaie, **l)** dise, **m)** choisissent, **n)** regardiez

166.
a) D, **b)** A, **c)** F, **d)** B, **e)** I, **f)** C, **g)** H, **h)** E, **i)** G

167.
a) fasses, **b)** mettent, **c)** remplissiez, **d)** rendions, **e)** soyez, **f)** puisse

168.
a) A, **b)** C, **c)** B, **d)** B, **e)** B, **f)** C

169.
a) parce que, après que, puisque, vu que, pendant que;
b) avant que, bien que, pour que, sans que, jusqu'à ce que

170.
b) sois allé(e), **c)** ayons été, **d)** ayez eu, **e)** soit parti, **f)** aient vu, **g)** sois venu(e), **h)** ait réussi, **i)** ayons pris, **j)** soyez monté(s)(es), **k)** sois arrivé(e), **l)** aie dit

DAS ADVERB

Formen

171.
a) assez, beaucoup, moins, peu, plus, trop;
b) bien, ensemble, mal, vite, mieux

172.
a) B, **b)** B, **c)** A, **d)** A, **e)** C, **f)** C, **g)** C, **h)** B

173.
b) rapidement, **c)** sérieusement, **d)** pratiquement, **e)** Péniblement, **f)** terriblement, **g)** franchement, **h)** grandement

174.
a) gai, gaie; **b)** joli, jolie; **c)** nouveau, nouvelle; **d)** vrai, vraie; **e)** absolu, absolue; **f)** fou, folle; **g)** mou, molle

175.
a) Récemment, j'ai lu un livre d'Anna Gavalda./J'ai lu un livre d'Anna Gavalda récemment.
b) Apparemment, il est malade./Il est apparemment malade.
c) Elle s'habille toujours très élégamment.
d) Roulez/Conduisez prudemment.
e) Il ne l'a pas dit méchamment.
f) Je parle couramment l'anglais.

176.
b) me parle gentiment.
c) l'histoire brièvement.
d) cuisine bien.
e) travaille mal.

Stellung

177.
a) C, **b)** A, **c)** E, **d)** B, **e)** D, **f)** F, **g)** G

178.
a) Aujourd'hui, il fait beau./Il fait beau aujourd'hui.
b) Il regarde souvent la télé.
c) Je suis arrivé tôt.
d) Elle ne rit jamais.

179.
a) Ils sont venus ensemble.
b) Aujourd'hui, il s'est levé tôt./Il s'est levé tôt aujourd'hui.
c) L'avion va atterrir/atterrira tard.
d) Le train va bientôt partir.

180.
a) Malheureusement, **b)** encore, **c)** bientôt, **d)** hier, **e)** jamais, **f)** toujours, **g)** silencieusement, **h)** Heureusement, **i)** rapidement, **j)** Évidemment

Steigerung

181.
b) plus souvent que, moins souvent que, aussi souvent que, le plus souvent;
c) plus mal que, moins mal que, aussi mal que, le plus mal

182.
a) B, **b)** C, **c)** A

DIE SATZARTEN

Der Aussage- und Fragesatz

183.
a) Lucas achète un livre.
b) Je commande un steak au restaurant.
c) Il vend des fruits au marché.
d) Nous faisons un cadeau à nos amis.

184.
a) D, **b)** C, **c)** B, **d)** A

Lösungen

185.

Z	Q	U	E	T	Q	C	P
G	U	S	T	Q	U	O	Ù
A	I	Ù	N	U	A	A	O
C	O	M	M	E	N	T	N
O	N	T	T	L	D	E	Z
C	O	M	B	I	E	N	X
P	O	U	R	Q	U	O	I
C	A	R	D	J	R	O	S

a) que, où, comment, combien, pourquoi;
b) qui, quel, quand

186.
a) B, **b)** B, **c)** B, **d)** C

187.
a) Quand est-ce que ses parents sont allés au théâtre ?
b) Où est-ce que ses parents sont allés hier soir ?
c) Qui est-ce qui est allé au théâtre hier soir ?
d) Qu'est-ce qu'elle a offert à sa mère ?
e) À qui est-ce qu'elle a offert des fleurs ?

188.
a) Qui est-ce que tu vois ?
b) À qui est-ce que tu penses ?
c) De qui est-ce que tu parles ?
d) Pour qui est-ce que tu travailles ?

189.
a) D, **b)** A, **c)** B, **d)** C, **e)** E

190.
b) -il, **c)** -elles, **d)** -t-il, **e)** -t-il, **f)** -il, **g)** -t-elle

Der Relativsatz

191.
a) qui, **b)** que, **c)** que, **d)** qui, **e)** que, **f)** qui, **g)** que, **h)** qui

192.
a) B, **b)** C, **c)** A, **d)** C, **e)** C

193.
b) C'est Yann dont nous sommes très fiers.
c) Le film dont je t'ai parlé est génial.
d) Prends mes chaussures de ski dont je ne me sers plus.
e) C'était une camarade de classe dont je me souviens très bien.

194.
a) lequel, **b)** lesquelles, **c)** laquelle, **d)** lequel, **e)** lesquels, **f)** auquel, **g)** laquelle

195.
a) Le village où j'habite s'appelle Château-Thébaud.
b) Le pays où j'aimerais habiter, (c')est l'Angleterre.
c) Il ne sait pas où sont ses lunettes.

196.
a) qui, **b)** auquel, **c)** dont, **d)** que, **e)** où, **f)** qu', **g)** dont, **h)** avec qui, **i)** Ce qui

Der Bedingungssatz

197.
a) Si, **b)** Quand, **c)** quand, **d)** si, **e)** S'

198.
a) B, **b)** G, **c)** C, **d)** F, **e)** D, **f)** E, **g)** A

199.
a) achèterais, **b)** sortirions, **c)** voudrais, **d)** aurait, **e)** pourrais, **f)** réussirait, **g)** regretterais

200.
b) Si seulement je travaillais moins !
c) Si seulement je vivais au soleil !
d) Si seulement j'avais plus d'amis !
e) Si seulement j'étais en bonne santé !

201.
b) avait... été, aurait pris;
c) avait... eu, aurais fait;
d) était allée, aurait été

202.
a) S'il pleut, je resterai/reste à la maison.
b) Si tu le voyais, tu ne le reconnaîtrais pas.

c) S'il n'était pas parti si tôt, il aurait fait la fête avec nous.
d) Ne m'appelle pas si tu n'as pas le temps.

Die indirekte Rede

203.
a) combien, **b)** pourquoi, **c)** où, **d)** qu', **e)** quand, **f)** si, **g)** que, **h)** s'

204.
a) B, **b)** A, **c)** B, **d)** C

205.
a) avais fini, **b)** avais, **c)** était divorcée, **d)** me sentais, **e)** étais

206.
b) Il m'a demandé si je pouvais lui donner la réponse.
c) Il m'a demandé ce que je faisais aujourd'hui.
d) Il m'a demandé où j'étais allé me promener hier après-midi.
e) Il m'a demandé si j'avais déjà réfléchi au problème.

Der Satz im Passiv

207.
b) je suis interrogé(e), je serai interrogé(e), que je sois interrogé(e);
c) je suis pris(e), j'étais pris(e), que je sois pris(e);
d) je suis arrêté(e), j'étais arrêté(e), je serai arrêté(e)

208.
a) La souris est mangée par le chat.
b) La voiture est conduite par Christian.
c) Le magasin est fermé à 18 heures par la boulangère.
d) Une bombe atomique a été lancée sur le Japon par les Américains.
e) La valise de Fabienne est portée par Christophe.

209.
a) L'allemand est aussi parlé en Alsace.
b) Une nouvelle loi a été votée par le Parlement.
c) Ce bâtiment a été financé par l'État.

210.
a) B, **b)** C, **c)** E, **d)** A, **e)** D

ZAHLEN UND ZEITANGABEN

Grund-, Ordnungs- und Bruchzahlen

211.
a) une, **b)** deux, **c)** cinq, **d)** quatre, **e)** dix, **f)** deux

212.
a) quinze, **b)** vingt-huit, **c)** quarante-deux, **d)** soixante-dix-sept, **e)** quatre-vingt-treize, **f)** quatre-vingts, **g)** cinquante-neuf, **h)** soixante et un(e)

213.
a) G, **b)** E, **c)** D, **d)** B, **e)** A, **f)** F, **g)** C

214.
a) quatre-vingt-dix, quinze, vingt-sept, soixante et onze, quatre-vingt-deux;
b) cent un, trois cents, six cent douze, mille sept cents, deux millions

215.
a) trois cents, **b)** trois, **c)** cinquante mille, **d)** vingt, **e)** quatre-vingt-trois, **f)** deux millons, **g)** Un milliard, **h)** zéro

216.
a) mille neuf cent soixante-dix-sept, dix-neuf cent soixante-dix-sept,
b) soixante-seize mille neuf cent quatre-vingt-dix-neuf,
c) deux millions cinq cent mille,
d) un milliard,
e) neuf cent quatre-vingt-sept mille six cent cinquante-quatre

217.
a) C, **b)** A, **c)** D, **d)** F, **e)** G, **f)** B, **g)** E, **h)** I, **i)** H

Lösungen

218.
a) Ier, **b)** seconde, **c)** millième,
d) vingt et unième, **e)** quatre-vingtième

219.
b) un tiers, **c)** trois quarts, **d)** un quart,
e) deux dixièmes, **f)** un centième,
g) deux tiers, **h)** sept huitièmes

220.
a) Je voudrais une douzaine d'œufs.
b) Ils ont invité une dizaine d'amis.
c) Il y a une vingtaine d'années, je vivais en Angleterre.
d) Nous nous reverrons dans une quinzaine de jours. (*14 Tage* – quinze jours)
e) Au spectacle, il y avait un millier de spectateurs.
f) Il y avait une centaine de personnes.

Datum und Zeitangaben

221.
a) cinq, dix-sept; **b)** neuf, vingt et une;
c) sept, dix-neuf; **d)** onze, vingt-trois

222.
a) C, **b)** D, **c)** A, **d)** B

223.
a) AB, **b)** AC, **c)** BC, **d)** AC

224.
a) Le train part à dix heures trente/et demie.
b) Venez à midi/douze heures pour le déjeuner.
c) Le film commence à huit heures et quart.
d) L'école se termine/finit à seize heures trente/quatre heures et demie.
e) Nous nous rencontrons à cinq heures moins le quart/seize heures quarante-cinq.

225.
b) 15 h 18, **c)** 23 h 30, **d)** 19 h 55,
e) 0 h 00, **f)** 12 h 30, **g)** 5 h 45/17 h 45,
h) 7 h 55/19 h 55, **i)** 4 h 15/16 h 15,
j) d) und h)

226.
b) le premier mars 2013,
c) le quatorze juillet 1789,
d) le deux août 1980,
e) le quinze janvier 1848,
f) le vingt-huit février 2000,
g) le douze juin 1971

227.
a) C, **b)** A, **c)** D, **d)** B, **e)** F, **f)** E

228.
a) Le lundi, **b)** Mardi prochain,
c) jeudi 10 mai, **d)** Dimanche,
e) de septembre à décembre,
f) le 5 octobre, **g)** du 30 juin au 5 septembre,
h) le 1er janvier, **i)** Samedi dernier

PRÄPOSITIONEN, KONJUNKTIONEN

Präpositionen des Ortes und der Zeit

229.
a) à, **b)** dans, **c)** dans, **d)** en, **e)** en, **f)** au,
g) dans le, **h)** aux, **i)** dans le

230.
a) À demain ! **b)** en août,
c) pendant les vacances, **d)** pour six mois,
e) en hiver, **f)** en une semaine,
g) avant 10 heures, **h)** après le repas

231.
a) à côté de, contre, devant, derrière, autour de, sous;
b) après, avant, depuis, pendant, dès, il y a

232.
a) B, **b)** A, **c)** C, **d)** E, **e)** F, **f)** D, **g)** H, **h)** G

233.
a) à, **b)** en, en; **c)** À partir d', **d)** Dans,
e) Dès, **f)** en, **g)** jusqu', **h)** Pendant, **i)** pour

234.
a) C, **b)** B, **c)** C, **d)** C, **e)** A, **f)** C, **g)** B, **h)** C

235.

a) Ils vont venir/viendront avant 10 heures.
b) Mettez les verres sur la table.
c) Cet après-midi, je vais/vais aller chez le dentiste.
d) Ne va pas sur la route !
e) J'ai lu le livre en deux heures.

Modale Präpositionen

236.

a) B, **b)** A, **c)** E, **d)** C, **e)** D, **f)** I, **g)** F, **h)** G, **i)** H

237.

a) B, **b)** B, **c)** C, **d)** C, **e)** A, **f)** B, **g)** C, **h)** B, **i)** A, **j)** B

238.

a) en, en; **b)** en/de, **c)** en, **d)** en, **e)** en, en; **f)** en, **g)** en/de, **h)** en, **i)** en

239.

a) semaine, la poste, cœur, personne, pitié;
b) faire plaisir, une semaine, quinze mille euros, personne, deux mois, rien

240.

a) d', **b)** à, **c)** avec, **d)** en, **e)** par, **f)** sur, **g)** sans, **h)** avec, **i)** à, **j)** en

Beiordnende Konjunktionen

241.

a) mais, **b)** ou, **c)** et, **d)** donc, **e)** or, **f)** ni, **g)** car

242.

a) C, **b)** A, **c)** D, **d)** G, **e)** B, **f)** E, **g)** H, **h)** F

243.

a) Il pleut et Keanu reste à la maison.
b) Le dimanche, elle regardait la télé ou elle lisait un livre./Le dimanche, elle lisait un livre ou elle regardait la télé.
c) Il est énervant car il arrive toujours en retard.
d) Je suis fatigué mais je ne suis pas malade.
e) Il ne boit ni de café ni de thé./Il ne boit ni de thé ni de café.
f) Je suis malade donc je reste couchée.

244.

a) B, **b)** C, **c)** A, **d)** C, **e)** B

245.

a) Ils sont allés au café et (ils) ont bu une bière.
b) Vous aimez la campagne ou vous préférez habiter en ville ?
c) Je suis à l'étranger donc je ne peux pas venir à la fête.
d) Je vais souvent au cinéma mais je ne regarde que des comédies.
e) J'ai été déçu(e) car il n'est pas venu.
f) Je ne mange ni viande ni poisson.
g) Je pense donc je suis.

Subordnende Konjunktionen

246.

a) B, **b)** D, **c)** A, **d)** E, **e)** C, **f)** F, **g)** I, **h)** G, **i)** H

247.

a) Malgré qu', **b)** à condition que, **c)** jusqu'à ce que, **d)** Au cas où, **e)** Comme, **f)** Quand, **g)** pour que, **h)** de peur que

248.

a) depuis que, tant que, dès que, après que, vu que;
b) de crainte que, avant que, sans que, bien que, malgré que

249.

a) Pendant que, bois; **b)** jusqu'à ce que, soit; **c)** Depuis qu', vit; **d)** parce que, es; **e)** Bien que, aimions; **f)** pour que, puissiez

250.

a) Je t'appelle avant que tu (ne) partes en vacances.
b) J'ai tout fait sans que tu me le dises.
c) Pousse-toi pour que je puisse passer.
d) Elle va travailler/au travail bien qu'/malgré qu'/quoiqu'elle soit malade.

Wortverzeichnis

A

à	*in*
À bientôt !	*Bis bald!*
à condition que	*unter der Bedingung, dass*
à côté de	*neben*
à droite	*rechts*
à gauche	*links*
à la maison	*zu Hause*
à l'étranger	*im Ausland*
à l'heure	*pro Stunde*
à l'unanimité	*einstimmig*
à moins que	*es sei denn*
à partir de	*ab*
À quelle heure ?	*Um wie viel Uhr?*
à travers	*durch*
aboyer	*bellen*
absent, -e	*abwesend*
absolument	*unbedingt*
accepter	*akzeptieren, annehmen*
l' **accident** (m)	*Unfall*
accomplir	*erfüllen*
accueillir	*empfangen*
(s') **acheter**	*(sich) kaufen*
l' **acteur, -trice**	*Schauspieler, -in*
admettre	*zugeben*
adorer	*lieben*
l' **adresse** (f)	*Anschrift; Adresse*
l' **adresse e-mail** (f)	*E-Mail-Adresse*
adverse	*Gegen-*
agir	*handeln*
agro-alimentaire	*Lebensmittel...*
aider	*helfen*
l' **ail** (m)	*Knoblauch*
aimer	*mögen; lieben*
l' **air** (m)	*Aussehen; Luft*
l' **alcool** (m)	*Alkohol*
l' **Allemagne** (f)	*Deutschland*
aller	*gehen; fahren*
aller bien à qn	*jdm gut stehen/passen*
aller chercher	*(ab)holen*
allumer	*anmachen, einschalten*
alors que	*während*
l' **Alsace** (f)	*Elsass*
l' **aluminium** (m)	*Aluminium*
l' **âme** (f)	*Seele*
l' **âme** (f) **sœur**	*Seelenverwandte(r)*
américain, -e	*amerikanisch*
l' **Américain, -e**	*Amerikaner, -in*
l' **ami, -e**	*Freund, -in*
amical, -e	*freundlich*
l' **amour** (m)	*Liebe*
l' **amphithéâtre** (m)	*Hörsaal*
amuser	*belustigen*
l' **anglais**	*Englisch (Sprache)*
l' **angle** (m)	*Winkel*
l' **animal** (m)	*Tier*
l' **animal domestique**	*Haustier*
l' **anniversaire** (m)	*Geburtstag*
l' **anniversaire de mariage** (m)	*Hochzeitstag*
annoncer	*ankündigen*
l' **anorak** (m)	*Anorak*
août	*August*
l' **appareil-photo** (m)	*Kamera*
apparemment	*scheinbar*
l' **apparence** (f)	*äußerliche Erscheinung*
l' **appartement** (m)	*Wohnung*
appartenir	*gehören*
s' **appeler**	*heißen*
appeler	*(an)rufen*
applaudir	*klatschen; applaudieren*
apporter	*bringen*
apprendre	*lernen*
après (que)	*nach(dem)*
l' **après-midi** (m)	*Nachmittag*
l' **argent** (m)	*Geld*
l' **arrêt** (m)	*Stopp; Halt*
arrêter	*aufhören; festnehmen*
arriver	*ankommen*
l' **arrondissement** (m)	*Kreis*
l' **artichaut** (m)	*Artischocke*
l' **aspirateur** (m)	*Staubsauger*
assez	*genug; ziemlich*
l' **assiette** (f)	*Teller*
assister	*teilnehmen*
attacher	*binden; anschnallen*
atteindre	*erreichen*
attendre	*warten*
l' **attentat** (m)	*Attentat, Anschlag*
Attention !	*Vorsicht!*
atterrir	*landen*
au bout de	*am Ende von*
au cas où	*in dem Fall, dass*
au milieu de	*inmitten von*
l' **auberge** (f)	*Herberge; Gasthof*
l' **aubergine** (f)	*Aubergine*
au-dessus de	*über*
augmenter	*erhöhen*
aujourd'hui	*heute*
aussi	*auch*
aussi longtemps que	*solange*
aussi... que	*so ... wie*
aussitôt	*sofort danach; alsbald*
aussitôt que	*sobald*
l' **autobus** (m)	*(Reise)Bus*
automobile	*Automobil-*
l' **autoroute** (f)	*Autobahn*
autour de	*um*
avancer	*vorangehen*
avant	*vor*
avant que/de	*bevor*
avant-hier	*vorgestern*
avec	*mit*

l' **avion** (m)	*Flugzeug*
l' **avis** (m)	*Meinung*
l' **avocat** (m)	*Rechtsanwalt*
avoir	*haben*
avoir besoin de	*brauchen*
avoir envie	*Lust haben*
avoir honte	*sich schämen*
avoir l'habitude	*gewöhnt sein*
avoir lieu	*stattfinden*
avoir peur	*Angst haben*
avoir raison	*Recht haben*
avoir soif	*Durst haben*
avoir un air	*aussehen*
avoir un empêchement	*verhindert sein*
avril	*April*

B

le **bac à sable**	*Sandkasten*
le **baccalauréat**	*Abitur*
le **badminton**	*Federball*
la **baguette**	*Baguette*
se **baigner**	*baden*
le **bain**	*Bad*
le **bal**	*Ball*
balayer	*kehren, fegen*
le **ballon**	*Ball*
la **banane**	*Banane*
la **banque**	*Bank*
le **basilic**	*Basilikum*
le **bateau**	*Boot, Schiff*
le **bâtiment**	*Gebäude*
bavard, -e	*redselig; geschwätzig*
beau, belle	*schön*
beaucoup	*viel; sehr*
le **beau-frère**	*Schwager*
le **bébé**	*Baby*
beige	*beigefarben*
le **beurre**	*Butter*
bien	*gut*
bien que	*obwohl*
bien sûr	*natürlich, selbstverständlich*
bientôt	*bald*
la **bière**	*Bier*
le **bijou**	*Schmuck*
le **billet**	*Schein; Eintrittskarte*
le **bisou**	*Küsschen*
bizarre	*komisch, seltsam; merkwürdig*
blanc, -he	*weiß*
le/la **blessé, -e**	*Verletzte(r)*
bleu clair	*hellblau*
bleu marine	*marineblau*
bleu, -e	*blau*
blond, -e	*blond*
blotti, -e	*angeschmiegt*
le **bocal**	*Glas*
boire	*trinken*
boire un coup	*etwas trinken*
le **bois**	*kleiner Wald*
la **boisson**	*Getränk*
la **boîte**	*Dose; Büchse*
la **boîte** (ugs.)	*Disko*
la **boîte de conserve**	*Konservendose*
bombarder	*bombardieren*
la **bombe atomique**	*Atombombe*
bon, -ne	*gut*
le **bonbon**	*Bonbon*
le **bonheur**	*Glück*
le **bonnet**	*Mütze*
la **botte**	*Stiefel*
la **bouche**	*Mund*
le/la **boucher, -chère**	*Metzger, -in*
les **bouchons** (m Pl)	*Stau*
bouger	*sich bewegen*
la **bougie**	*Kerze*
le/la **boulanger, -gère**	*Bäcker, -in*
la **boulangerie**	*Bäckerei*
le **bouquet**	*(Blumen-)Strauß*
le **bout**	*Ende*
la **bouteille**	*Flasche*
le **bras**	*Arm*
bref, brève	*kurz*
breton, -ne	*bretonisch*
brièvement	*kurz; knapp*
le **bruit**	*Lärm; Krach*
le **bureau**	*Büro; Schreibtisch*
le **bus**	*Bus*

C

ça (ugs.)	*das*
Ça y est. (ugs.)	*Geschafft!*
le **cabaret**	*Kabarett*
le **cadeau**	*Geschenk*
le **café**	*Kaffee; Kneipe, Café*
le **café au lait**	*Milchkaffee*
le **cahier**	*Heft*
le **caillou**	*Stein*
calme	*ruhig*
le/la **camarade**	*Kamerad, -in*
cambrioler	*einbrechen*
le **camion**	*Lastwagen, LKW*
la **campagne**	*Land*
le **camping**	*Campingplatz*
le **Canada**	*Kanada*
le **caniche**	*Pudel*
la **canne**	*Stock*
la **canne à pêche**	*Angel(rute)*
la **cantine**	*Kantine*
le **capuccino**	*Capuccino*
car	*denn*
la **carotte**	*Möhre, Karotte*
le **cartable**	*Schulranzen*

Wortverzeichnis

la **carte**	*Karte*
le **cas**	*Fall*
le **casino**	*Kasino*
le **casque**	*Helm*
la **casquette**	*Mütze; Kappe*
la **cathédrale**	*Kathedrale, Dom*
catholique	*katholisch*
la **cave**	*Keller*
le **CD**	*CD*
ce matin	*heute Morgen*
ce midi	*heute Mittag*
ce soir	*heute Abend*
cela	*das*
celui-ci, celle-ci	*diese(r, -s)*
celui-là, celle-là	*jene(r, -s)*
cent	*hundert*
la **centaine**	*um die 100*
le **centre**	*Zentrum*
le **centre-ville**	*Zentrum, Stadtmitte*
ces temps-ci	*in letzter Zeit*
c'est	*das ist*
cet après-midi	*heute Nachmittag*
cette nuit	*heute Nacht*
chacun, -e	*jede(r, -s)*
la **chaise longue**	*Liegestuhl*
la **chaleur**	*Wärme; Hitze*
la **chambre**	*Schlafzimmer*
la **chambre individuelle**	*Einzelzimmer*
la **chance**	*Glück*
le/la **chancelier, -lière**	*Bundeskanzler, -in*
changer	*wechseln*
le **chant**	*Gesang*
chanter	*singen*
le/la **chanteur, -teuse**	*Sänger, -in*
chaque fois que	*jedesmal, wenn*
le **chat**	*Katze*
la **châtaigne**	*Esskastanie*
le **château**	*Burg; Schloss*
chaud, -e	*warm*
chauffer	*heizen*
la **chaussette**	*Socke; Strumpf*
la **chaussure**	*Schuh*
le **chemin**	*Weg*
cher, chère	*teuer; lieb*
chercher	*suchen*
le **cheval**	*Pferd*
les **cheveux** (m Pl)	*Haar*
chez	*bei, zu*
chic	*schick*
le **chien, -ne**	*Hund, -in*
le **chocolat**	*Schokolade*
choisir	*wählen*
le **chômage**	*Arbeitslosigkeit*
choqué, -e	*schockiert*
la **chose**	*Ding; Sache*
le **chou**	*Kohl*
Chut !	*Psst!*

le **cidre**	*Apfelwein*
le **ciel**	*Himmel*
le **cigare**	*Zigarre*
la **cigarette**	*Zigarette*
le **cinéma**	*Kino*
cinq	*fünf*
le **circuit**	*Strecke; Parcours*
la **circulation**	*Verkehr*
les **ciseaux** (m Pl)	*Schere*
la **clarté**	*Licht; Helligkeit*
la **classe**	*Klasse*
classique	*klassisch*
la **clé**	*Schlüssel*
la **clémentine**	*Klementine*
le **coca**	*Cola*
le **cœur**	*Herz*
le **coffre**	*Kofferraum*
se **coiffer**	*sich kämmen, sich frisieren*
le **coin**	*Ecke*
la **colère**	*Wut*
le **colley**	*Collie*
combien	*wie viel*
commander	*bestellen*
comme	*wie; als; da*
commencer	*beginnen, anfangen; starten*
comment ?	*wie*
Comment ?	*Wie bitte?*
commettre	*begehen*
complet, plète	*voll, ganz*
complètement	*vollständig, total, ganz*
comprendre	*verstehen*
se **concentrer**	*sich konzentrieren*
le **concert**	*Konzert*
le **concombre**	*Gurke*
le **concours**	*Zulassungsprüfung*
le/la **conducteur, -trice**	*Fahrer, -in*
conduire	*fahren; führen*
la **conférence**	*Konferenz*
la **confiture**	*Marmelade*
le **conseil**	*Rat*
conseiller	*empfehlen; Rat geben*
construire	*bauen*
consulter	*um Rat bitten; besuchen*
le **contôle**	*Test; Kontrolle*
contraindre	*zwingen*
contre	*gegen*
la **conversation**	*Gespräch*
le/la **copain, -pine**	*Freund, -in*
le **coq**	*Hahn*
le/la **correspondant, -e**	*Brieffreund, -in*
le **costume**	*Anzug*
le **coton**	*Baumwolle*
le **cou**	*Hals; Nacken*
se **coucher**	*sich hinlegen; ins Bett gehen*

coudre	*nähen*
le **coup**	*Schlag*
couper	*schneiden*
le **couple**	*Paar*
la **cour**	*Hof*
couramment	*fließend*
courir	*laufen; rennen*
le **cours**	*Kurs; Unterricht*
les **courses** (f Pl)	*Einkäufe*
court, -e	*kurz*
le/la **cousin, -e**	*Cousin, -e*
coûter	*kosten*
couvert, -e	*zu-, abgedeckt*
craindre	*(be)fürchten*
la **crainte**	*Furcht; Befürchtung*
le **crayon**	*Stift*
la **crème**	*Creme*
la **crêpe**	*Pfannkuchen*
le **criminel**	*Krimineller*
croire	*glauben*
le **croissant**	*Hörnchen*
les **crustacés** (m Pl)	*Krustentiere*
le **cuir**	*Leder*
la **cuisine**	*Küche; Kochkunst*
la **cure**	*Kur*
le/la **cycliste**	*Radfahrer, -in*
cyrillique	*kyrillisch*

D

d'occasion	*gebraucht*
d'abord	*zuerst*
d'accord	*einverstanden*
la **dame**	*Frau*
le **Danemark**	*Dänemark*
le **danger**	*Gefahr*
dangereux, -reuse	*gefährlich*
dans	*in; innerhalb von*
dans ce cas	*in diesem Fall*
dans le coin	*in der Nähe*
danser	*tanzen*
dater	*stammen*
de	*aus; von*
de bonne heure	*früh*
de manière que	*so, dass*
de peur que	*aus Angst vor*
de sorte que	*damit; so dass*
de... à...	*von ... bis ...*
le **débat**	*Debatte*
décembre	*Dezember*
décevoir	*enttäuschen*
les **déchets** (m Pl)	*Abfälle*
décider	*entscheiden; beschließen*
la **décision**	*Entscheidung*
découvrir	*entdecken*
déçu, -e	*enttäuscht*
le **défaut**	*Fehler*
se **déguiser**	*sich verkleiden*
déguster	*kosten*
dehors	*draußen*
déjà	*schon*
déjeuner	*Mittag essen*
demain	*morgen*
demander	*fragen; bitten*
démarrer	*starten*
déménager	*umziehen*
démissionner	*kündigen*
le/la **dentiste**	*Zahnarzt, -ärztin*
se **dépêcher**	*sich beeilen*
dépenser	*ausgeben*
les **dépenses** (f Pl)	*Ausgaben*
depuis	*seit*
déranger	*stören*
se **dérouler**	*stattfinden; sich ereignen*
derrière	*hinter*
dès que	*sobald*
descendre	*hinunter-, hinabsteigen; heruntertragen*
se **déshabiller**	*sich ausziehen*
désirer	*wünschen*
le **dessert**	*Nachtisch*
le **détail**	*Detail*
se **détendre**	*sich entspannen*
détester	*hassen*
deux	*zwei*
deuxième	*zweite(r, -s)*
devant	*vor*
devenir	*werden*
devoir	*sollen; müssen*
les **devoirs** (m Pl)	*Hausaufgaben*
le **diabolo**	*Limonade mit Sirup*
le **dictionnaire**	*Wörterbuch*
le **dieu**	*Gott*
la **différence**	*Unterschied*
différent, -e	*unterschiedlich; verschieden*
difficile	*schwer, schwierig*
la **difficulté**	*Schwierigkeit*
dimanche	*Sonntag*
dîner	*Abend essen*
dire	*sagen*
direct, -e	*direct*
la **direction**	*Richtung; Leitung*
discuter	*diskutieren*
divorcé, -e	*geschieden*
dix	*zehn*
la **dizaine**	*ca. zehn*
le **docteur**	*Arzt, Ärztin*
le **documentaire**	*Dokumentarfilm*
le **doigt**	*Finger*
donc	*also*
donner	*geben*
dormir	*schlafen*
le **dos**	*Rücken*

Wortverzeichnis

d'où	*woher*
la **douche**	*Dusche*
se **doucher**	*(sich) duschen*
doux, douce	*weich; sanft; mild*
la **douzaine**	*Dutzend*
le **drapeau**	*Fahne*
drôle	*lustig*
du/de la/de l'/des	*Teilungsartikel, im Deutschen unübersetzt*
la **dune**	*Düne*
durant	*während*
durer	*dauern*

E

l' **eau** (f)	*Wasser*
l' **eau** (f) **gazeuse**	*Mineralwasser mit Kohlensäuren*
l' **école** (f)	*Schule*
écouter	*(zu-, an)hören*
écrire	*schreiben*
l' **écriture** (f)	*Schrift(art)*
l' **effort** (m)	*Bemühung*
l' **église** (f)	*Kirche*
l' **électricité** (f)	*Strom*
élégamment	*elegant*
élégant, -e	*elegant*
l' **élève** (m/f)	*Schüler, -in*
élevé, -e	*hoch*
l' **embouteillage** (m)	*Stau*
emmener	*mitnehmen*
l' **empêchement** (m)	*Verhinderung*
l' **empereur** (m)	*Kaiser*
l' **emplacement** (m)	*Platz*
l' **emploi** (m)	*Arbeitsstelle*
l' **employé, -e**	*Angestellte(r)*
en	*in, innerhalb*
en attendant que	*bis*
en avoir pour...	*... Zeit brauchen*
en face de	*gegenüber*
en forme	*fit*
en liquide	*bar*
en vouloir à	*böse sein auf*
encore	*noch*
s' **endormir**	*einschlafen*
l' **endroit** (m)	*Ort; Platz*
énervant, -e	*nervig*
énerver	*nerven; aufregen*
l' **enfant** (m/f)	*Kind*
s' **enfuir**	*fliehen*
(s') **ennuyer**	*(sich) langweilen*
enrhumé, -e	*erkältet*
ensemble	*zusammen*
ensuite	*danach*
entendre	*hören*
entendre parler	*hören sagen*
l' **entrée** (f)	*Vorspeise*
entrer	*hineingehen; hereintreten*
l' **envie** (f)	*Lust*
environ	*circa, ungefähr*
les **environs** (m Pl)	*Umgebung*
l' **envol** (m)	*Abflug*
s' **envoler**	*wegfliegen*
envoyer	*schicken, senden*
épeler	*buchstabieren*
les **épinards** (m Pl)	*Spinat*
l' **équipe** (f)	*Mannschaft*
escalader	*klettern*
l' **escalier** (m)	*Treppe*
l' **Espagne** (f)	*Spanien*
essayer	*versuchen; anprobieren*
l' **essence** (f)	*Benzin*
essuyer	*putzen; wischen; abtrocknen*
et	*und*
établir	*aufsetzen*
l' **étagère** (f)	*Regal*
l' **État** (m)	*Staat*
éteindre	*ausmachen, ausschalten*
étendre	*aufhängen*
l' **étranger, -gère**	*Fremde(r); Ausländer, -in*
être	*sein*
être allongé, -e	*liegen*
être assis, -e	*sitzen*
être au chômage	*arbeitslos sein*
être désolé, -e	*leid tun*
être en danger	*in Gefahr sein*
être en panne	*eine Panne haben*
être en retard	*verspätet sein*
être mort, -e de...	*vor ... sterben*
être né, -e	*geboren worden sein*
être pressé, -e	*es eilig haben*
être une fine bouche	*ein Feinschmecker sein*
les **études** (f Pl)	*Studium*
l' **étudiant, -e**	*Student, -in*
l' **euro** (m)	*Euro*
l' **Europe** (f)	*Europa*
évidemment	*natürlich; selbstverständlich*
l' **examen** (m)	*Prüfung*
l' **excursion** (f)	*Ausflug*
s' **excuser**	*sich entschuldigen*
Excusez-moi.	*Entschuldigen Sie.*
l' **exercice** (m)	*Übung*
expliquer	*erkären*
l' **exposé** (m)	*Referat*
l' **exposition** (f)	*Ausstellung*
extérieur, -e	*außen; äußerlich*

F

facilement	*leicht*
la **façon**	*Art; Weise*
faire	*machen; tun*
faire attention	*vorsichtig sein*
faire beau	*schön sein (Wetter)*
faire des courses	*einkaufen*
faire des efforts	*sich bemühen*
faire du bruit	*Krach machen*
faire du sport	*Sport treiben*
faire faire	*machen lassen*
faire la vaisselle	*Geschirr spülen*
faire le tour de...	*um ... gehen*
se **faire mal**	*sich weh tun*
faire peur	*erschrecken*
faire plaisir	*eine Freude machen*
faire un tour	*einen Spaziergang machen, eine Runde drehen*
fait, -e à la main	*handgemacht*
la **farine**	*Mehl*
fatigué, -e	*müde*
la **faute**	*Schuld; Fehler*
faux, fausse	*falsch*
feindre	*so tun als*
la **femme**	*Frau; Ehefrau*
la **fenêtre**	*Fenster*
fermé, -e	*geschlossen*
fermer	*schließen; zumachen*
fermer à clé	*abschließen*
les **festivités** (f Pl)	*Feierlichkeiten*
la **fête**	*Fest, Feier, Party*
le **feu**	*Feuer; Ampel*
la **feuille**	*Blatt*
février	*Februar*
les **fiançailles** (f Pl)	*Verlobung*
la **fibre**	*Faser*
fier, fière	*stolz*
le **fil**	*Faden*
la **fille**	*Mädchen; Tochter*
le **film**	*Film*
le **fils**	*Sohn*
fin, -e	*fein*
finir	*beenden; fertig werden*
la **fleur**	*Blume*
le **fleuve**	*Fluss*
la **fois**	*Mal*
follement	*sehr; wahnsinnig*
le **fonds**	*(Invest)Fonds*
le **foot**	*Fußball*
la **forme**	*Form*
le **formulaire**	*Formular*
fort, -e	*stark*
le/la **fou, folle**	*Verrückte(r)*
fou, folle	*verrückt*
fouiller	*wühlen*
le **four**	*(Back)Ofen*
frais, fraîche	*frisch*
franc, -he	*ehrlich; offen*
le/la **Français, -e**	*Franzose, -zösin*
la **France**	*Frankreich*
franco-allemand, -e	*deutsch-französisch*
le **frère**	*Bruder*
le **frigo**	*Kühlschrank*
les **frites** (f Pl)	*Pommes, Fritten*
froid, -e	*kalt*
le **fromage**	*Käse*
le **fruit**	*Frucht*
les **fruits** (m Pl) **de mer**	*Meeresfrüchte*
les **fuits**	*Obst*
fumer	*rauchen*

G

gagner	*gewinnen; verdienen*
gai, -e	*fröhlich*
la **galette**	*Galette (Pfannkuchen aus Buchweizenmehl)*
les **gants** (m Pl)	*Handschuhe*
le **garage**	*Garage; Werkstatt*
le **garçon**	*Junge*
garder	*behalten*
la **gare**	*Bahnhof*
le **gâteau**	*Kuchen; Keks*
le **gaz**	*Gas*
geindre	*stöhnen*
le **gendarme**	*Gendarme, Polizist*
gêner	*stören*
génial, -e	*genial, toll*
le **genou**	*Knie*
les **gens** (m Pl)	*Leute*
gentil, -le	*lieb; nett*
la **gentillesse**	*Freundlichkeit*
gentiment	*netterweise*
la **géographie**	*Geografie, Erdkunde*
la **glace**	*Eis*
glissant, -e	*rutschig*
grand, -e	*groß*
la **grand-mère**	*Großmutter*
les **grands-parents** (m Pl)	*Großeltern*
gras, -se	*fett*
grave	*schlimm*
grec, -que	*griechisch*
la **grève**	*Streik*
grimper	*klettern*
la **grippe (intestinale)**	*(Magen-Darm-)Grippe*
gros, -se	*dick*
guéri, -e	*geheilt; gesund*
la **guerre**	*Krieg*
la **gymnastique**	*Gymnastik*

Wortverzeichnis

H

(s')	**habiller**	*(sich) anziehen*
	habiter	*wohnen*
les	**habits** (m Pl)	*Kleidung*
l'	**habitude** (f)	*Gewohnheit*
le	**hareng**	*Hering*
le	**haricot**	*Bohne*
	haut, -e	*hoch*
l'	**herbe** (f)	*Gras; Wiese*
	hériter	*erben*
le	**héros**	*Held*
l'	**heure** (f)	*Uhrzeit; Stunde*
l'	**heure et demie**	*anderthalb Stunde*
l'	**heure** (f) **supplémentaire**	*Überstunde*
	heureusement	*glücklicherweise; zum Glück*
le	**hibou**	*Uhu*
	hier	*gestern*
l'	**histoire** (f)	*Geschichte*
l'	**histoire drôle**	*Witz*
l'	**hiver** (m)	*Winter*
le	**hold-up**	*Einbruch*
le	**hollandais**	*Holländisch [Sprache]*
l'	**homme** (m)	*Mann; Mensch*
la	**honte**	*Scham*
l'	**hôpital** (m)	*Krankenhaus*
	horrible	*schrecklich*
l'	**hôtel** (m)	*Hotel*
l'	**huile** (f)	*Öl*
	huit	*acht*
	huit jours	*eine Woche*
l'	**huître** (f)	*Auster*

I

l'	**idée** (f)	*Idee*
	il faut	*man muss, es muss*
	il pleut	*es regnet*
	il y a	*es gibt; vor*
l'	**impatience** (f)	*Ungeduld*
l'	**importance** (f)	*Wichtigkeit; Bedeutung*
	important, -e	*wichtig*
l'	**incident** (m)	*Zwischenfall*
l'	**inconvénient** (m)	*Nachteil*
l'	**industrie** (f)	*Industrie*
l'	**infirmier, -mière**	*Krankenpfleger, -schwester*
l'	**ingénieur** (m/f)	*Ingenieur, -in*
l'	**inspecteur, -trice**	*Inspektor, -in*
l'	**instant** (m)	*Augenblick*
l'	**instituteur, -trice**	*Grundschullehrer, -in*
l'	**intelligence** (f)	*Intelligenz*
	intelligent, -e	*intelligent*
l'	**interdiction** (f)	*Verbot*
(s')	**intéresser**	*(sich) interessieren*
	interroger	*befragen*
l'	**interview** (f)	*Interview*
	inverse	*anders herum*
	investir	*investieren*
	inviter	*einladen*
l'	**Irlande** (f)	*Irland*
l'	**Italie** (f)	*Italien*

J

	jaloux, -se	*eifersüchtig; neidisch*
	jamais	*nie*
la	**jambe**	*Bein*
le	**jambon**	*Schinken*
	janvier	*Januar*
le	**Japon**	*Japan*
le	**jardin**	*Garten*
	jaune	*gelb*
	jeter	*(weg)werfen*
le	**jeu**	*Spiel*
	jeudi	*Donnerstag*
	jeune	*jung*
le	**jogging**	*Jogging*
	joli, -e	*hübsch*
	jouer	*spielen*
le	**jouet**	*Spielzeug*
le/la	**joueur, joueuse**	*Spieler, -in*
le	**joujou** (ugs.)	*Spielzeug*
le	**jour**	*Tag*
le	**jour férié**	*Feiertag*
le	**journal**	*Zeitung*
le/la	**journaliste**	*Journalist, -in*
la	**journée**	*Tag*
	juillet	*Juli*
	juin	*Juni*
la	**jupe**	*Rock*
le	**jus de pomme**	*Apfelsaft*
le	**jus d'orange**	*Orangensaft*
	jusqu'à ce que	*bis*

K

le	**Kenya**	*Kenia*
le	**kilo(mètre)**	*Kilo(meter)*

L

	là	*da*
le	**laboratoire**	*Labor*
le	**lac**	*See* (m)
la	**laine**	*Wolle*
la	**laisse**	*Leine*
	laisser	*lassen*
le	**lait**	*Milch*
(se)	**lancer**	*(sich) werfen*
la	**larme**	*Träne*
(se)	**laver**	*(sich) waschen*
	le long de	*entlang*
	le/la/les	*der/die/das*

la **leçon**	*Lektion*
léger, -gère	*leicht*
la **légèreté**	*Leichtigkeit*
les **légumes** (m Pl)	*Gemüse*
la **lettre**	*Brief*
se **lever**	*aufstehen*
la **levure**	*Backpulver; Hefe*
le **lieu**	*Ort*
la **limonade**	*Limonade*
le **linge**	*Wäsche*
lire	*lesen*
la **liste**	*Liste*
le **litre**	*Liter*
le **livre**	*Buch*
la **livre**	*Pfund*
la **location de vacances**	*Ferienhaus, -wohnung*
la **loi**	*Gesetz*
loin (de)	*weit (von)*
la **Loire**	*Loire*
long, -ue	*lang*
longtemps	*lange*
lorsque	*während*
le **loto**	*Lotto*
lourd, -e	*schwer*
la **lumière**	*Licht*
lundi	*Montag*
la **lune**	*Mond*
les **lunettes** (f Pl)	*Brille*

M

le **macaron**	*Macaron*
Madame...	*Frau ...*
le **magasin**	*Geschäft, Laden*
le **magazine**	*Zeitschrift; Magazin*
mai	*Mai*
la **main**	*Hand*
maintenant	*jetzt*
la **mairie**	*Rathaus*
mais	*aber*
la **maison**	*Haus*
mal	*schlecht*
le **mal**	*Schmerz*
malade	*krank*
la **maladie**	*Krankheit*
malgré que	*obwohl*
malheureusement	*leider*
la **mandarine**	*Mandarine*
manger	*essen*
le **manque**	*Mangel*
le **manteau**	*Mantel*
se **maquiller**	*sich schminken*
le **marché**	*Markt*
marcher	*laufen; gehen*
mardi	*Dienstag*
la **margarine**	*Margarine*
le **mari**	*Ehemann*
le **mariage**	*Hochzeit*
marié, -e	*verheiratet*
se **marier**	*heiraten*
le **Maroc**	*Marokko*
la **marque**	*Marke; Label*
marron	*braun*
mars	*März*
le **match**	*Spiel*
la **maternelle**	*Vorschule; Kindergarten*
les **maths** (f Pl) (ugs.)	*Mathe*
le **matin**	*Morgen*
mauvais, -e	*schlecht*
méchamment	*böse*
mécontent, -e	*unzufrieden*
la **médaille**	*Medaille*
le **médecin**	*Arzt, Ärztin*
la **médecine**	*Medizin*
médical, -e	*medizinisch*
le **meeting**	*Meeting*
meilleur, -e	*beste(r, -s)*
mentir	*(an)lügen*
le **menu (du jour)**	*(Tages)Menü*
merci	*danke*
mercredi	*Mittwoch*
la **mère**	*Mutter*
mesurer	*messen; groß sein*
la **météo(rologie)**	*Wettervorhersage*
le **métro**	*U-Bahn*
mettre	*setzen; legen; stellen usw.*
se **mettre en colère**	*sich ärgern; wütend werden*
midi	*Mittag*
le **miel**	*Honig*
mieux	*besser*
mille	*tausend*
le **milliard**	*Milliarde*
le **millier**	*ca. 1000*
le **million**	*Million*
le/la **millionnaire**	*Millionär, -in*
minéral, -e	*mineral*
le/la **Ministre (de l'Intérieur)**	*(Innen)Minister, -in*
minuit	*Mitternacht*
la **minute**	*Minute*
le **miracle**	*Wunder*
le **miroir**	*Spiegel*
le **modèle**	*Modell; Stück*
moi	*ich; mich; mir*
moindre	*geringste(r, -s)*
moins	*weniger*
le **mois**	*Monat*
le **moment**	*Moment*
le **monde**	*Leute*
le **monde**	*Welt*
le **monsieur**	*Mann; Herr*
la **montagne**	*Berg*

monter	*hineinsteigen; heraufgehen*
montrer	*zeigen*
se **moquer**	*sich lustig machen*
le **morceau**	*Stück; Biss*
la **mort**	*Tod*
le **mot**	*Wort*
le **moteur**	*Motor*
la **moto**	*Motorrad*
moudre	*mahlen*
les **moules** (f Pl)	*Miesmuscheln*
mourir	*sterben*
la **mousse**	*Schaum*
la **mousse au chocolat**	*Mousse au chocolat*
la **moutarde**	*Senf*
le **mur**	*Mauer; Wand*
le **musée**	*Museum*
la **musique**	*Musik*

N

nager	*schwimmen*
naître	*geboren werden*
la **natation**	*Schwimmen*
la **nationale**	*Bundesstrasse*
la **nature**	*Natur*
ne plus en pouvoir	*nicht mehr können*
ne tenir qu'à un fil	*nur an einem seidenen Faden hängen*
ne... pas	*nicht*
ne... plus	*nicht mehr*
la **neige**	*Schnee*
neiger	*schneien*
nettoyer	*putzen*
neuf	*neun*
neuf, neuve	*neu*
le **neveu**	*Neffe*
le **nez**	*Nase*
ni... ni	*weder ... noch*
la **nièce**	*Nichte*
noir, -e	*schwarz*
le **nom**	*(Nach)Name*
non	*nein*
le **nord**	*Norden*
la **Norvège**	*Norwegen*
la **note**	*Note*
(se) **nourrir**	*(sich) ernähren*
nouveau, -velle	*neu*
le **nouveau-né**	*Neugeborene(r, -s)*
le **Nouvel An**	*Neujahr*
les **nouvelles** (f Pl)	*Nachrichten*
novembre	*November*
le **noyau**	*Stein*
la **nuit**	*Nacht*

O

l' **objet** (m)	*Gegenstand*
l' **occasion** (f)	*Gelegenheit*
occupé, -e	*beschäftigt*
octobre	*Oktober*
l' **œil** (m)	*Auge*
l' **œuf**	*Ei*
officiel, -le	*offiziell*
l' **offre d'emploi** (f)	*Stellenanzeige*
offrir	*schenken; anbieten*
l' **oignon** (m)	*Zwiebel*
l' **oiseau** (m)	*Vogel*
olive	*olivefarben*
l' **olive** (f)	*Olive*
l' **omelette** (f)	*Omelett*
omettre	*auslassen*
l' **oncle** (m)	*Onkel*
or	*aber*
orange	*orange*
l' **orange** (f)	*Orange, Apfelsine*
l' **orangeade** (f)	*Orangengetränk*
l' **ordinateur** (m)	*Computer*
ordonner	*befehlen*
organiser	*organisieren*
ou	*oder*
où	*wo, wohin*
oublier	*vergessen*
oui	*ja*
ouvert, -e	*offen; geöffnet*
ouvrir	*öffnen; aufmachen*

P

le **pain**	*Brot*
le **panier**	*Korb*
la **panne**	*Panne*
le **pantalon**	*Hose*
les **papiers** (m Pl)	*Papiere*
le **papillon**	*Schmetterling*
le **paquet**	*Paket, Päckchen*
par	*durch; per*
par cœur	*auswendig*
paraître	*(er)scheinen*
le **parapluie**	*Regenschirm*
le **parc**	*Park*
parce que	*weil*
Pardon !	*Entschuldigung!*
parfois	*manchmal*
parisien, -ne	*Pariser*
le **parking**	*Parkplatz*
parler	*sprechen, reden*
la **part**	*Stück*
partager	*teilen*
participer	*teilnehmen*
la **partie**	*Spiel*
partir	*(weg)gehen; abreisen*
pas grand-chose	*nicht viel*

2

WORTVERZEICHNIS

	passer	*verbringen; vorbeigehen; machen; reichen; verbinden*
	passer à...	*zu ... übergehen*
	passer l'aspirateur	*staubsaugen*
	pauvre	*arm*
	payer	*(be)zahlen*
le	**pays**	*Land*
les	**Pays-Bas** (m Pl)	*Niederlande*
	peindre	*malen; streichen*
la	**peinture**	*Malerei*
	pendant que	*während*
(se)	**pendre**	*(sich) aufhängen*
	pénible	*hart; anstrengend*
	penser	*denken*
	perdre	*verlieren*
le	**père**	*Vater*
le	**Périgord**	*Périgord (Region)*
	permettre	*erlauben*
le	**permis de conduire**	*Führerschein*
	personne	*niemand*
	peser	*wiegen*
	petit, -e	*klein*
le	**petit-déjeuner**	*Frühstück*
la	**peur**	*Angst*
la	**philosophie**	*Philosophie*
la	**photo**	*Foto*
le/la	**photographe**	*Fotograf, -in*
le	**piano**	*Klavier*
la	**pièce**	*Zimmer*
le	**pied**	*Fuß*
	pire	*schlechter*
la	**piscine**	*Schwimmbad*
la	**piscine couverte**	*Hallenbad*
la	**piste**	*Piste; Spur*
la	**pitié**	*Mitleid*
la	**place**	*Platz*
se	**plaindre**	*sich beschweren*
	plaire	*gefallen*
se	**plaire**	*Gefallen finden*
	plaisanter	*scherzen*
le	**plat principal**	*Hauptgericht*
	pleurer	*weinen*
	pleuvoir	*regnen*
	plonger	*tauchen*
	plus	*mehr*
	plusieurs	*mehrere*
le	**poids**	*Gewicht*
le	**point**	*Punkt*
le	**poisson**	*Fisch*
le	**poivron**	*Paprika*
la	**police**	*Polizei*
la	**pollution**	*Verschmutzung*
la	**pomme**	*Apfel*
la	**pomme de terre**	*Kartoffel*
le	**pont**	*Brücke*
la	**porte**	*Tür*
le	**porte-manteau**	*Garderobe; Kleiderhaken*
	porter	*tragen*
le	**Portugal**	*Portugal*
	poser	*stellen; setzen; legen*
	possible	*möglich*
la	**poste**	*Post(amt)*
le	**pot**	*Topf; Glas*
le	**pou**	*Laus*
la	**poubelle**	*Mülleimer, Mülltonne*
la	**poule**	*Henne*
le	**poulet**	*Hähnchen; Hühnchen*
	pour	*für; um ... zu*
	pour que	*um ... zu; damit*
	pourquoi	*warum*
	pousser	*schieben*
se	**pousser**	*zur Seite gehen*
	pouvoir	*können; dürfen*
	précis, -e	*genau*
	préférer	*bevorzugen*
	premier, -mière	*erste(r, -s)*
	prendre	*nehmen*
	prendre des photos	*Fotos machen*
	prendre du poids	*zunehmen*
	prendre un verre	*etwas trinken*
le	**prénom**	*Vorname*
se	**présenter**	*sich vorstellen*
	prêt, -e	*bereit*
	prétendre	*behaupten*
	prêter	*(aus)leihen*
	prier	*bitten; beten*
le	**prince, -cesse**	*Prinz, -zessin*
le	**printemps**	*Frühling, Frühjahr*
le	**prix**	*Preis*
le	**problème**	*Problem*
	prochain, -e	*nächste(r, -s)*
les	**produits** (m Pl) **laitiers**	*Milchprodukte*
le/la	**professeur**	*Lehrer, -in*
	profond, -e	*tief*
la	**profondeur**	*Tiefe*
la	**promenade**	*Spaziergang*
se	**promener**	*spazierengehen*
	promettre	*versprechen*
	propre	*sauber*
	prudemment	*vorsichtig*
	prudent, -e	*vorsichtig*
	puis	*dann*
	puisque	*da*
le	**pull**	*Pulli*
	punir	*bestrafen*
	pur, -e	*rein*

Q

la	**qualité**	*Qualität*
	quand	*als; wenn; wann*
	quand même	*trotzdem*

Wortverzeichnis

le **quartier** — *Viertel*
quatre — *vier*
quatre à quatre — *zwei Stufen auf einmal*
que/qu' — *dass; als; wie; was*
quelque chose — *etwas*
quelques — *einige, ein paar*
la **question** — *Frage*
qui — *wer; wen; wem*
la **quiche** — *Quiche*
quoique — *obwohl*

R

raccrocher — *auflegen*
raconter — *erzählen*
la **radio** — *Rundfunk; Radio*
la **raison** — *Grund*
ralentir — *bremsen; langsamer werden*
ramasser — *aufheben; sammeln*
le **rang** — *Reihe*
ranger — *aufräumen*
rapide — *schnell*
rappeler — *sich erinnern an*
rater — *verpassen*
les **raviolis** (m Pl) — *Ravioli*
récemment — *kürzlich*
la **recette** — *Rezept*
recevoir — *bekommen; empfangen*
reconnaître — *erkennen*
refaire — *noch einmal machen*
réfléchir — *überlegen; nachdenken*
refuser — *ablehnen*
regarder — *ansehen; sich anschauen*
la **région** — *Region; Gegend*
regretter — *bedauern*
régulièrement — *regelmäßig*
la **relation** — *Beziehung*
remercier — *(be)danken*
(se) **rencontrer** — *(sich) treffen*
le **rendez-vous** — *Termin; Treffen*
rendre — *zurückgeben*
le **renseignement** — *Auskunft*
la **rentrée (scolaire)** — *Schulanfang*
le **repas** — *Mahlzeit*
répéter — *wiederholen*
répondre — *antworten*
le/la **reporter** — *Reporter, -in*
réserver — *reservieren*
le **restaurant** — *Restaurant; Gaststätte*
rester — *bleiben*
le **résultat** — *Ergebnis*
le **rétablissement** — *Genesung*
le **retard** — *Verspätung*
réussir — *es schaffen; gelingen*
le **rêve** — *Traum*
se **réveiller** — *aufwachen*
rêver — *träumen*
revoir — *wiedersehen*
le **Rhône** — *Rhône*
riche — *reich*
le **rideau** — *Gardine, Vorhang*
rien — *nichts*
la **robe** — *Kleid*
le **roman** — *Roman*
ronronner — *schnurren*
rose — *rosa*
la **rose** — *Rose*
rosé — *rosé*
rouge — *rot*
la **rougeole** — *Masern*
rouler — *fahren*
la **route** — *Straße*
rusé, -e — *schlau*
la **Russie** — *Russland*

S

le **sable** — *Sand*
le **sac** — *Tasche*
saisir — *(er-, be)greifen*
la **salade** — *Salat*
le **salami** — *Salami*
la **salle** — *Saal; Raum*
la **salle de bains** — *Badezimmer*
Salut ! — *Hallo!; Tschüss!*
sans — *ohne*
sans arrêt — *ununterbrochen; ständig*
sans que — *ohne dass*
la **santé** — *Gesundheit*
le **sapin** — *Tannenbaum; Tanne*
sauter — *springen*
savoir — *wissen; können*
le **savon** — *Seife*
la **scène** — *Bühne; Szene*
se mettre en rangs — *sich in Reihen aufstellen*
sec, sèche — *trocken*
second, -e — *zweite(r, -s)*
le **secret** — *Geheimnis*
le/la **secrétaire** — *Sekretär,-in*
le **séjour** — *Aufenthalt*
la **semaine** — *Woche*
le **Sénégal** — *Senegal*
le **sens** — *Richtung*
sentir — *fühlen; riechen*
se **sentir** — *sich fühlen*
sept — *sieben*
septembre — *September*
sérieux, -rieuse — *ernst*
le/la **serveur, -veuse** — *Kellner, -in*
le **service** — *Abteilung*
le **service de dépannage** — *Pannendienst*
se **servir** — *sich bedienen; benutzen*

seul, -e	*einzige(r, -s); allein*
seulement	*nur*
le **shopping**	*Shopping*
si	*doch, wenn*
si... que	*so ..., dass*
le **siècle**	*Jahrhundert*
le **signe**	*Zeichen*
s'il te plaît	*bitte (beim Duzen)*
s'il vous plaît	*bitte (beim Siezen)*
silencieusement	*leise*
silencieux, -cieuse	*still*
six	*sechs*
le **ski**	*Ski*
la **société**	*Gesellschaft; Firma*
la **sœur**	*Schwester*
la **soif**	*Durst*
le **soir**	*Abend*
la **soirée**	*Abend*
le **soldat**	*Soldat*
les **soldes** (f Pl)	*Schlussverkauf*
le **soleil**	*Sonne*
sombre	*dunkel*
le **sommet**	*Gipfel*
son/sa/ses	*sein/seine/ihr/ihre*
sortir	*ausgehen; herausgehen; herausziehen*
le **souci**	*Sorge*
la **soupe**	*Suppe*
la **souris**	*Maus*
sous	*unter*
sous-développé, -e	*unterentwickelt*
se **souvenir**	*sich erinnern*
souvent	*oft*
le **spectacle**	*Schau, Show; Veranstaltung*
le **sport**	*Sport*
sportif, -tive	*sportlich*
le **steak**	*Steak*
le **studio**	*Studio; Ein-Zimmer-Wohnung*
le **stylo**	*Kuli, Kugelschreiber*
le **sucre**	*Zucker*
sucré, -e	*zuckerhaltig; süß*
la **Suisse**	*Schweiz*
suivre	*folgen*
super	*super*
sur	*auf*
sûr, -e	*sicher*
la **surprise**	*Überraschung*
surtout	*vor allem; hauptsächlich*
le **suspect**	*Verdächtige(r)*
sympa(thique)	*nett; sympathisch*
synthétique	*synthetisch; aus Kunststoff*

T

le **T.G.V. (train à grande vitesse)**	*≈ ICE*
la **table**	*Tisch*
le **tableau**	*Bild; Tafel*
se **taire**	*schweigen*
tant que	*solange*
la **tante**	*Tante*
taper	*hauen; klopfen*
taper à la machine	*tippen*
le **tapis**	*Teppich; Matte*
la **tasse**	*Tasse*
la **télé(vision)**	*Fernseher; Fernsehen*
téléphoner	*telefonieren*
tellement	*soviel; so sehr*
le **témoin**	*Zeuge*
le **temps**	*Zeit; Wetter*
tendre	*reichen; geben*
la **tente**	*Zelt*
la **tête**	*Kopf*
le **thé**	*schwarzer Tee*
tirer	*ziehen*
la **toile de tente**	*Zelt*
les **toilettes** (f Pl)	*Toiletten, WC*
la **tomate**	*Tomate*
tomber	*fallen*
la **tonne**	*Tonne*
tôt	*früh*
toucher	*berühren; anfassen*
toujours	*immer (noch)*
le **tour**	*Spaziergang; Streich; Reihe*
la **tour**	*Turm*
la **Tour de Pise**	*Pisaturm*
le **tour du monde**	*Weltreise*
la **Tour Eiffel**	*Eiffelturm*
tourner	*abbiegen*
se **tourner**	*sich drehen; sich wenden*
le **tournesol**	*Sonnenblume*
tous les...	*alle ...*
tout	*alles*
tout de suite	*gleich, sofort*
le **train**	*Zug*
le **trajet**	*Strecke; Fahrt*
la **tranche**	*Scheibe; Schnitte*
tranquille	*ruhig*
transmettre	*übermitteln*
le **travail**	*Arbeit*
travailler	*arbeiten*
les **travaux** (m Pl)	*Bauarbeiten*
traverser	*überqueren*
très	*sehr*
triste	*traurig*
trois	*drei*
troisième	*dritte(r, -s)*
se **tromper**	*sich irren; sich vertun*

Wortverzeichnis

trompeur, -peuse	*irreführend*
trop	*zu; zu viel; zu sehr*
le **trou**	*Loch*
trouver	*finden*
se **trouver**	*sich befinden*
la **truite (meunière)**	*Forelle (Müllerin)*
se **tuer**	*sich umbringen; umkommen*
tuer	*umbringen; töten*
tutoyer	*duzen*
le **tuyau**	*Rohr*

U

un, -e	*eins; ein/eine*
l' **unanimité** (f)	*Mehrheit*
une fois que	*als; wenn*
l' **université** (f)	*Universität*
les **urgences** (f Pl)	*Notaufnahme*

V

les **vacances** (f Pl) **(scolaires)**	*(Schul)Ferien*
la **vache**	*Kuh*
la **vaisselle**	*Geschirr*
la **valise**	*Koffer*
la **vanille**	*Vanille*
le **vase**	*Vase*
le **vélo**	*Fahrrad*
le **vendeur, -deuse**	*Verkäufer, -in*
vendre	*verkaufen*
vendredi	*Freitag*
venir	*kommen*
la **vérité**	*Wahrheit*
le **verre**	*Glas*
vers	*in Richtung; gegen*
verser	*(be)gießen*
vert foncé	*dunkelgrün*
vert, -e	*grün*
la **veste**	*Jacke*
la **viande**	*Fleisch*
la **victime**	*Opfer*
la **vie**	*Leben*
vieux, vieille	*alt*
la **villa**	*Villa*
le **village**	*Dorf*
la **ville**	*Stadt*
le **vin**	*Wein*
la **violence**	*Gewalt*
le **visage**	*Gesicht*
visiter	*besuchen; besichtigen*
vite	*schnell*
la **vitre**	*Fensterscheibe*
(se) **voir**	*(sich) sehen*
le/la **voisin, -e**	*Nachbar, -in*
la **voiture**	*Auto*
la **voiture de location**	*Mietwagen*
la **voix**	*Stimme*
voler	*stehlen*
le **volet**	*Fensterladen*
le **voleur**	*Dieb*
les **Vosges** (f Pl)	*Vogesen*
voter	*abstimmen; verabschieden*
vouloir	*wollen; mögen*
le **voyage**	*Reise*
le **voyage de noces**	*Hochzeitsreise*
vrai, -e	*wahr; echt*
vraiment	*wirklich; echt*
vu que	*da*
la **vue sur**	*...-Blick*

Y

y pouvoir qc	*etw. dafür können*
le **yacht**	*Yacht*
les **yeux** (m Pl)	*Augen*

Bildnachweis

S. 18: a) shutterstock/holbox, b) shutterstock/Africa Studio , c) iStockphoto/Peter Petto, d) fotolia.de/jerome signoret, e) shutterstock.com/Chrislofoto, f) shutterstock/paul prescott; S. 33: a) iStockphoto/mediaphotos, b) Fotolia.com/Robert Kneschke, c) shutterstock/Ioannis Pantzi, d) shutterstock.com/Brasiliao; S. 38: a) fotolia.de/lunamarina, b) shutterstock/Valeriy Velikov, c) fotolia.de/Noam, d) Fotolia.com/Alexander Raths, e) Fotolia.com/Konstantin Yuganov, f) shutterstock/Deklofenak; S. 45: a) iStockphoto/oversnap, b) iStockphoto/Andrew Howe, c) shutterstock/Kenishirotie, d) shutterstock/olly; S. 55: istockphoto.com/Zolnerovichs, b) thinkstockphotos/Hemera, c) fotolia/liliya kulianionak, d) Fotolia.com/HL-Photo; S. 64: fotolia.de/Ignatius Wooster, b) fotolia/Mehmet Dilsiz, c) Fotolia.com/gourmecana, d) iStockphoto/michele princigalli; S. 65: e) fotolia/Uros Petrovic, f) shutterstock/stocknadia, g) shutterstock/Sunny studio - Igor Yaruta, h) shutterstock/Irina Magrelo; S. 84: a) iStockphoto/Peter Petto, b) Fotolia.com/Robert Kneschke; S. 85: c) iStockphoto/Edward Bock, d) thinkstockphotos.com/Comstock Images, e) fotolia.de/Ackley Road Photos, f) fotolia.de/MNStudio; S. 123: a) fotolia/Andrzej Tokarski, b) fotolia.de/TrudiDesign, c) fotolia.de/alain wacquier, d) fotolia.de/Olga Struk, e) fotolia.de/Palindra, f) fotolia.de/Vely; S. 128: a) shutterstock.com/Niv Koren, b) shutterstock.com/aaron stein, c) shutterstock.com/cybervelvet, d) fotolia.de/Fabian Petzold